L_{es} objets
_{de} charme
_{de la maison} américaine

À Thomas et Raphaël, qui ont vaillamment supporté de voir leur maison envahie tour à tour
de girouettes, quilts, bois de cerfs, canards en bois, drapeaux,
maisons d'oiseaux et autres « objets de charme ».

Les objets de charme
de la maison américaine

TEXTE
NOËLLE BITTNER
PHOTOGRAPHIES
NATASHA MILNE

Sur une idée de Noëlle Bittner

éditions du chêne

SOMMAIRE

INTRODUCTION

En Amérique, on peut tout oser, tout essayer, tout apprendre.

Dans ce climat de liberté, l'art populaire se voit pousser des ailes. Cette créativité a des racines anciennes. Avec le repli qui suit la déclaration d'indépendance, l'Amérique, isolée, glorifie le *homespun*, la vie simple.

Dans une économie en majorité pastorale, le fermier est aussi artisan, l'artisan fermier, et certains, qui ont l'âme artiste, façonnent beau ce qui pourrait n'être qu'utile.

Et puis, il y a – déjà ! – ce sentiment typiquement américain de fierté devant la réussite. Pour ceux qui, venus d'ailleurs, commencent une nouvelle vie dans un pays qui promet le bonheur dans sa Constitution, il est tout naturel d'être fier de son drapeau, de son village, de son école, de son clocher, de sa maison, de sa terre et de son travail.

Tout est prétexte à célébration : le cycle des saisons comme les rites de la vie familiale, les traditions du pays d'origine comme celles du pays d'adoption.

Voilà ce qu'expriment les douze objets que nous avons choisi de vous présenter.

Ce sont douze objets doués d'âme. Il suffit de les rencontrer une fois pour ne plus les oublier. On les croise souvent, car ils sont partout, ils ont essaimé à travers l'Amérique et même au-delà. Et chaque fois, ils nous arrêtent. On les reconnaît, on les caresse du regard, on les emporterait bien avec soi.

S'ils sont chargés de sens et d'émotion, c'est que chacun représente un héritage et un savoir-faire. Et nous vous racontons leur histoire.

Si ces objets nous sont aussi familiers, c'est qu'ils parlent à notre imagination et n'attendent qu'un signe pour prendre place dans notre environnement.

Il y a du bonheur à vivre avec de beaux objets qui ne sont ni prétentieux ni précieux. Voilà pourquoi nous avons ajouté à ce livre un chapitre pratique, où vous découvrirez comment trouver, adopter, fabriquer ces objets. Nous vous souhaitons autant de plaisir à feuilleter ce livre que nous en avons eu à l'écrire.

Les couronnes
sont les bouquets
de l'Amérique

L'Amérique n'était pas encore née que l'Occident tressait des couronnes depuis plus de quatre mille ans. Pourtant, aujourd'hui, à voir l'ampleur du phénomène, on croirait qu'il s'agit d'une tradition purement américaine, aussi populaire que l'est, en France, celle des bouquets. Cet engouement est-il dû au manque de fleurs fraîches ? (Même dans le New Jersey, dit le « Garden State », l'État-jardin, elles arrivent tristement réfrigérées de Hollande, à des prix prohibitifs...) À l'ennui qu'inspirent les bouquets des fleuristes qui, pour la plupart, ne connaissent que « la pièce montée » ? Ou bien au penchant inné et enthousiaste de tout Américain pour le *craft*, l'objet que l'on crée de ses mains et avec son cœur ? Quoi qu'il en soit, on voit des couronnes partout : dehors, en guise de bienvenue, et à l'intérieur,

pour rêver de nature. Simples ou sophistiquées. Comme on mettrait trois fleurs dans un pichet, on peut tortiller trois branches que l'on suspend à la porte... et obtenir un effet superbe. La mode des couronnes se propage à la fréquence des émissions télévisées de Martha Stewart, la fée du fait-main, et la décoratrice de millions d'Américaines. Quand elle explique sa « recette » de couronne, des milliers de ménagères la suivent, étape par étape, dans leur cuisine, l'œil rivé à l'écran et le pistolet à colle à la main.

PAGE DE GAUCHE
Chaque couronne porte en elle un symbole, un message. Les épis gonflés de grains que l'on coupe à la moisson font des couronnes touffues, duveteuses, symboles d'abondance.

C'est une brassée d'automne qui entre dans la maison, avec cette couronne de feuilles d'érable, de bois et de fleurs séchées. L'hiver venu, une couronne de sapin ou de houx prendra la relève... en attendant le printemps.

De ses racines mystiques, la nouvelle couronne ne semble pas avoir de réminiscence. Oublié le temps où elle représentait le triomphe de la vie sur la mort, alors qu'on la glissait dans le sarcophage des pharaons égyptiens. Ce n'est plus la couronne de laurier des athlètes de Delphes, encore moins les lauriers littéraires de la Chine ancienne ou les lauriers militaires des Romains. Si elle ne symbolise plus le cycle de la vie, elle célèbre celui des saisons, et communie avec le mouvement *country*, ce grand rapprochement avec la nature qui a débuté dans les années soixante-

dix. Dans ce rôle, elle a encore de beaux jours à l'horizon. Commandées sur catalogue, les couronnes d'eucalyptus arrivent de Californie, toutes effluves dehors, tandis qu'il neige sur New York. Pour fêter Halloween, le 31 octobre, les couronnes s'ornent de citrouilles, coloquintes et mini-potirons, reflets des feux de l'été indien et des forêts d'érables rouge et or. À la fin de l'année, c'est au tour des épicéas de l'Oregon d'expédier leurs guirlandes qui viennent s'enrouler le long des rampes d'escalier, encadrer portes et fenêtres.

Il y a les couronnes traditionnelles : les marguerites et les roses miniatures des jeunes mariés promettent félicité et fertilité. La dernière brassée de maïs que l'on accroche à la porte de la grange en Arkansas assure une belle récolte pour l'année suivante. Il y a aussi les couronnes gourmandes : fruits secs et abricots translucides que l'on grignote peu à peu ; les couronnes épicées, chili, ail et condiments, que l'on égrène au fur et à mesure des recettes « tex mex ». Les couronnes de friandises que l'on accroche au sapin de Noël, sans oublier la couronne de biscuits en forme d'os pour le chien de la maison. On trouve partout des couronnes de graines pour les oiseaux du jardin, que l'on suspend aux branches dès que sévit le froid. Sur la côte Est, où le printemps est si lent à venir, on l'appelle avec des couronnes de crocus que l'on a dénichés dans la mousse. On voit aussi beaucoup d'horreurs : les flots de rubans et

PAGE PRÉCÉDENTE
*Les couronnes ne sont
pas réservées à la porte
d'entrée !
Pour un pique-nique
au jardin, l'arbre
au tronc moussu sert
de toile de fond...
au dessert : une couronne
de fruits frais mêlés
de fleurs aux tons
d'automne.*

*En hiver, la Californie
expédie ses guirlandes
d'eucalyptus à travers
tout le pays. En séchant,
les feuilles parfument
délicatement la maison.*

CI-DESSUS
*D'anciens bocaux
de conserve, remplis
de la nouvelle récolte
de sirop d'érable clair
et couronnés d'un
rameau... ou comment
donner du style
à un cadeau fait maison.*

*Sur la table du dîner,
pas de bouquet qui gêne
la vue des convives,
mais une couronne.
De simples fleurs
des champs, trois brins
de lierre grappillés
sur le mur, le tout piqué
dans un boudin
de mousse posé sur
un support imperméable.
Pensez seulement
à l'arroser...*

PAGE DE DROITE
*Pour « habiller » un
chapeau de paille, il suffit
d'un rameau en vrille...*

les fleurs séchées font des ravages. Bleue ou rose, avec force nœuds-nœuds, une couronne annonce à tout le quartier la naissance de Billy ou Daisy. Dans la moindre de ces boutiques de souvenirs qui abondent dans toute l'Amérique, où l'air est saturé d'effluves de pomme-cannelle, on trouve des couronnes qui n'ont plus rien de naturel et sont vouées à s'éterniser dans la poussière !

Les plus jolies couronnes ont quelque chose d'éphémère. En faisant entrer la nature dans la maison, elles donnent le sens des saisons et la mesure du temps qui passe. Elles sont le reflet de ceux qui habitent les lieux, l'album de famille, la mémoire des vacances. Et en quelque sorte, une promesse d'avenir.

TOUTES LES COURONNES NE SONT PAS DES CERCLES

Récemment, Martha Stewart présentait la réalisation d'un beau projet, conçu lors d'une visite à la Maison Blanche : des fleurs de coton de l'Alabama aux roses jaunes du Texas, des marrons d'Inde de l'Ohio au pâturin (*bluegrass*) du Kentucky, chaque État se vit attribuer sa couronne ou sa guirlande symbolique. Que l'on crée une couronne ou un bouquet, il faut y mettre son cœur et son sens de l'harmonie. Le plus simple est souvent le plus beau. À la saison des bourgeons comme à celle des baies rouges, une couronne peut être constituée d'un unique rameau souplement noué. Toutes les couronnes ne sont pas des cercles : chez les Shaker, elles prenaient la forme d'une main ; en Pennsylvanie, on adore les cœurs (héritage des pionniers venus d'Europe centrale) ; on a même vu des couronnes se

Pour confectionner de jolis paquets-cadeaux, choisissez un papier uni dans des tons de terre et de sable, une ficelle ordinaire et tortillez une mini-couronne en guise de nœud.

*Devant la cheminée,
au moment de Noël,
on suspend les guirlandes
que font les enfants
avec leurs candies
préférés, enfilés sur
un simple fil de fer auquel
on donne la forme
que l'on veut.*

mettre en carré pour encadrer des photos de famille. Elles ne sont pas forcément solitaires : plusieurs petites couronnes groupées produisent un effet charmant. Elles ne sont pas faites pour durer éternellement, en tout cas pas plus longtemps que les plantes fraîches qui les composent. Elles sont vivantes : on y intègre ses souvenirs, coquillages glanés sur la plage ou pommes de pin ramassées dans la forêt.

*Les baies rondes
et rouges des cranberries
(canneberges ou airelles)
se récoltent à l'automne.
On en fait des confitures,
des sauces, des pies
et bien sûr... des couronnes.*

17

Comment les girouettes font parler les maisons

Les trois chiens de la maison qui guettent l'écureuil réfugié au faîte de la girouette... cette scène de la vie ordinaire surmonte le toit de pierres du Point, l'ancien camp des Rockefeller dans les Adirondacks.

Du temps où il n'y avait ni baromètre ni chaîne météorologique pour prédire le temps vingt-quatre heures sur vingt-quatre, les girouettes couvraient les toits, d'église en mairie, d'auberge en étable, d'est en ouest des États-Unis. Sans aller jusqu'à leur prêter des dons prophétiques comme dans la Grèce ancienne, on les écoutait. Au fermier, elles disaient de se méfier du vent d'Est qui amène la pluie. Elles signalaient le shipchandler aux équipages des goélettes, l'auberge et l'échoppe du maréchal-ferrant au voyageur et au cavalier. Fabriquer des girouettes était un des jeux favoris des enfants : un morceau d'ardoise ou deux bouts de bois montés sur une tige de fer, le tout fiché en équilibre sur une barrière. Si le mobile tournait au vent, c'était gagné. Le jeu consistait aussi à prendre les girouettes pour cibles bon nombre de coqs d'église sont criblés de chevrotines ou portent les marques d'attaques au lance-pierres.

Les toutes premières girouettes américaines datent de la deuxième moitié du XVIIᵉ siècle. Ce sont de simples silhouettes que le forgeron découpait dans une plaque de fer. Une couche de peinture les protégeait des intempéries.

PAGE DE GAUCHE
La girouette est comme un arrêt sur image. Même par un jour sans vent, elle donne l'illusion du mouvement.

DOUBLE PAGE SUIVANTE
Sentinelle sur son ponton, le petit cheval annonce la tempête qui se lève.

Au début du XIXᵉ siècle, les girouettes prennent du volume, avec l'apparition des premiers moules en bois dans lesquels on inscrit la plaque de fer avant de souder les deux moitiés.

Souligné de ses flèches, ce coq, avec ses attributs disproportionnés, cette queue déployée en panache et cette crête en zigzag, est un exemple de girouette primitive.

*Girouette artisanale, dénichée dans le Maine.
Cet oiseau délavé par les intempéries est aussi rustique que la grange sur laquelle il est posé.*

Jusqu'à la fin du XVIIIᵉ siècle, l'artisan et le fermier se serviront des matériaux qu'ils ont sous la main : bois, fer ou étain.

La girouette est faite pour être identifiée d'un coup d'œil et de loin. Aussi, l'artisan accentue-t-il les caractéristiques de l'animal : le cheval semble emporté par son élan, la sauterelle prête à s'élancer, l'aigle gonfle ses plumes, c'est pourquoi ces silhouettes possèdent tant de charme. Il est vrai que la découpe, rustique, ne permet pas de rendre les détails. Ainsi les coqs n'ont-ils souvent

*Sur l'espalier, contre
le mur du cottage,
même lorsque
les frondaisons l'auront
emprisonné, ce cheval
gardera cette allure
puissante que l'on
a souvent comparée
aux sculptures
de la Chine ancienne.*

pas de pattes, mais une glorieuse queue qui retrouvera des proportions normales quand le réalisme prévaudra.

Les premiers modèles sont directement inspirés de l'Europe, où le coq règne en maître pour rappeler aux chrétiens le reniement de Pierre. L'archange Gabriel fait son apparition à la ferveur du grand réveil religieux des années 1740, mais la Bible n'est pas la seule source d'inspiration. On croise des Diane chasseresses et autres personnages de la mythologie grecque, des Indiens qui tirent à l'arc, des chevaux, considérés comme symbole de prospérité, et d'autres animaux de ferme parmi les plus courants. Après

l'indépendance, les sujets patriotiques se multiplient, mais c'est une colombe de la paix que George Washington choisira de placer au sommet de sa maison de Mount Vernon, en Virginie. Au début du XIXᵉ siècle, les girouettes s'enrichissent de volumes, avec l'apparition des premiers moules en bois sculpté dans lequel on coule le bronze ou le cuivre. Selon le métal utilisé et le pourcentage de zinc, de fer blanc, de bronze ou de cuivre entrant dans le mélange, les girouettes prennent une patine originale, plus ou moins vert-de-gris. Parfois le cuivre est doré à la feuille d'or, ce qui protège la corrosion. Vers 1850, la demande est telle qu'apparaissent

PAGE SUIVANTE
*On découvre ce coq
comme une sculpture
insolite, perdu dans le
lierre, sous son érable
rouge. Est-il tombé
de son clocher, ou a-t-on
trouvé qu'il ajoutait
au romantisme de
ce jardin ?*

les premières fabriques exclusivement dédiées pour à la gipour rouette. Elles sont concentrées dans les régions de Boston et de New York comme L.W. Cushing & Sons, Jewell, J.W. Fiske Works. Washburne, une des rares compagnies qui survive encore aujourd'hui, a démarré par une échoppe sur Broadway. Au fil des catalogues, on observe le déclin des sujets religieux et la montée du réalisme. L'élevage se diversifiant, le fermier souhaite

afficher la race de son troupeau. Qu'à cela ne tienne : on lui offre le choix entre la vache de Jersey, la Holstein germanique et la Brunette helvétique. Au palmarès, veaux, vaches, cochons, couvée n'atteignent cependant pas le succès de l'aigle, grand favori. La girouette n'oublie pas qu'elle est aussi une enseigne : le char à feu signale les pompiers, la plume brisant l'épée figure la victoire des idées sur la force et coiffe fièrement écoles

Ce coq arbore les caractéristiques de l'âge de fer de la girouette : des soudures très apparentes, un dessin stylisé, la poitrine avantageuse, la queue bien crantée pour que de loin on repère d'un coup d'œil d'où souffle le vent.

et bibliothèques. Sur les côtes de Nouvelle-Angleterre, on reste fidèle au voilier, vieil héritage des Vikings, et aux créatures marines, l'espadon, la baleine et le dauphin. Dans les grandes propriétés, écurie, étable, buanderie, garage, cottage, serre et maison de maître, chaque bâtiment affiche sa fonction grâce à sa girouette, comme le sulky, le renard ou le jockey évoquent les hobbies des maîtres des lieux. On apprécie les sujets anecdotiques : le fermier poursuivi par un taureau, le chien qui poursuit le renard, qui poursuit la poule... et ceux qui reprennent les personnages de contes : les trois ours, la petite gardienne d'oies.

L'écho des premières expéditions outre-mer apporte son tribut d'exotisme : le paon, l'éléphant, l'autruche ou le cygne détrônent le cheval sur le pignon des maisons bourgeoises.

La deuxième moitié du XIXᵉ siècle représente l'âge d'or des girouettes et la diversité des sujets reflète l'explosion des centres d'intérêt d'une société en pleine mutation. Les fabriques tournent à plein jusqu'au tournant du siècle, avant d'amorcer un déclin qui les amènera à fermer l'une après l'autre au cours de la grande dépression. L'évolution de l'architecture vers plus de sophistication, l'ère de la machine et la fascination qu'elle provoque accéléreront le mouvement. Déclin relatif, car aujourd'hui, avec la vogue du Country Style, toute maison se doit d'avoir une girouette, celle-ci voisinant avec l'antenne de télévision, chacune sur son pignon. L'effet est purement décoratif. A-t-on besoin de la silhouette de monsieur Kentucky pour repérer un Kentucky Fried Chicken au bord de l'autoroute ? Pas vraiment et pourtant, il est bien là, sa barbichette tournant à tous les vents !

COMMENT DÉCROCHER LA PLUS BELLE GIROUETTE ?

Les plus anciennes sont les plus recherchées... mais aussi les plus faciles à reproduire ! Une silhouette de métal rouillé au dessin naïf, et voilà une girouette estampillée fin XIXᵉ. Ce peut être vrai, c'est le plus souvent faux (et en toute bonne foi !). Si l'on en connaît la provenance – par des photographies, des gravures, etc. –, c'est une preuve d'authenticité. De même si elle est signée, mais les girouettes le

sont rarement. La période de 1850 à 1900 est très cotée pour les girouettes de fabrication industrielle (qui restait cependant presque artisanale) et plus encore, pour les moules qui servaient à leur création. Certains sont réutilisés aujourd'hui pour produire de petites séries limitées. Ces moules en fer sont pratiquement indestructibles et le marché abonde en girouettes artificiellement vieillies à l'acide acétique, ou « sautées » à la poêle avec quelques substances chimiques, ou encore assaisonnées de sel et enfouies dans le fumier avec quelques trous de chevrotines bien placés. D'autres sont fabriquées aujourd'hui et ne s'en cachent pas. Cela ne retire rien à leur charme, mais devrait très nettement baisser leur prix. On les trouve dans les boutiques de décoration, les catalogues de jardinage ou tout simplement chez le quincaillier. C'est dire si la girouette fait partie du paysage !

Rencontre surréaliste, sur un ponton des rives de l'Hudson, avec un immense archange Gabriel en bois peint, comme on le faisait au début du siècle.

PAGE DE DROITE
Quand elles sont purement décoratives, les girouettes sont montées sur un socle, comme ce poisson de bois peint.

Les maisons d'oiseaux
ou l'architecture
au jardin

Qui ne rêve de posséder une douzaine de maisons ! Pour leurs heureux propriétaires (les oiseaux n'étant que locataires), les maisons d'oiseaux sont une façon poétique de réaliser leurs fantasmes : cabane en rondins, cottage Nouvelle-Angleterre, gloriette victorienne, ferme rouge de Virginie, construction en adobe du Nouveau-Mexique, sans oublier chapelle, église ou château fort. Un abri en forme de cœur ou de phare, une hutte en jonc tressé, un canotier percé d'un trou… il n'y a pas de limite à l'imagination de ces architectes de l'éphémère. Certains considèrent la maison d'oiseau comme un trait d'union entre jardinage et décoration, d'autres y voient l'occasion d'aménager la maison de poupée qu'ils

n'ont pas eue, enfant. Mais attention, on ne se lance pas dans l'aventure comme l'on ferait un château de sable pour les crabes ou un labyrinthe pour les fourmis. Il faut une certaine rigueur dans la construction si l'on veut que la maison remplisse sa fonction et que les mâles, dépêchés pour trouver un gîte aux premiers jours du printemps, décident d'élire domicile ici plutôt qu'ailleurs.

Voilà peut-être où se situe le charme de l'objet : dans le mariage du beau et de l'utile. Juste retour des choses, dans l'énorme production qui déferle

Bien dans la tendance « recyclage » actuelle, cette patiente œuvre de récupération de McArthur Chism, un artiste autodidacte du Mississippi, a été sélectionnée pour figurer dans la collection de la boutique du musée du Folk Art de New York. Budweiser ou Coca-Cola… on peut même choisir sa marque !

PAGE DE GAUCHE
On dit que les oiseaux font leur nid dans le jardin des gens heureux… est-ce pour cela qu'en Amérique, on leur bâtit tant de jolies maisons ?

31

Juchées sur chaque poteau de la barrière du jardin dans un foisonnement de plantes grimpantes, ou suspendues sous le porche, ces petites maisons d'oiseaux attendent des locataires.

PAGE DE DROITE
Sait-on si les couleurs du drapeau américain attirent les oiseaux de passage ? En tout cas, c'est un modèle très répandu...

Les hommes ont toujours été fascinés par les oiseaux. Des structures en paille de l'ancienne Égypte aux columbariums de l'Empire romain, tous les styles d'habitat ont été imaginés pour les attirer, les apprivoiser, les observer, les écouter et parfois, plus prosaïquement, en recueillir des avantages en nature. Ainsi dans les campagnes, les oiseaux fournissaient la ferme en engrais naturels et protégeaient les cultures en dévorant quotidiennement leur poids en insectes.

En guise de nichoir, les Indiens d'Amérique suspendaient des rangées de calebasses, évidées et séchées, tradition qui sera reprise par les premiers colons cultivateurs, comme en témoignent ces poteries vernissées en forme de gourdes que l'on retrouva lors de la restauration du site colonial de Williamsburg, en Virginie.

Le toit de ce charmant cottage-boîte à lettres, orné d'une dentelle de bois victorienne, se soulève pour accueillir le courrier.

Avec ses murs blancs et son toit de tuiles de bois délavé par les intempéries, elle est assortie à ces maisons de bois qui font le charme des Hamptons.

C'est à l'époque victorienne que la maison d'oiseau prend son essor. Ornée dans le style chantourné qui fait fureur, elle entre dans la maison comme objet décoratif et ludique, ou trouve sa place au jardin dans une mise en scène étudiée. On reçoit dans sa volière, on s'essaye à l'aquarelle pour immortaliser ces petites boules de plumes ébouriffées, tandis qu'à Boston ou à New York, les paquebots débarquent leurs cargaisons d'oiseaux exotiques. Aujourd'hui, si le temps des extravagances est révolu, l'engouement continue. Pas un jardin, une terrasse, une maison, un balcon qui n'ait sa, ou plutôt ses, maisons d'oiseaux. À peine ont-ils l'âge d'échafauder des cubes que les bambins reviennent du jardin d'enfants avec leur première maison d'oiseau ; et il n'est pas rare qu'une industrieuse maman produise une trentaine d'exemplaires pour la fête de charité de l'école !

Collectionner les maisons d'oiseaux prête parfois à sourire, peut-être parce que l'objet paraît banal tant il fait partie du décor quotidien américain.

Pourtant, les initiatives de réhabilitation ne manquent pas. En 1987 eut lieu au Parrish Art Museum de Southampton une exposition originale sur le thème « Les architectes dessinent une maison d'oiseau ». À Manhattan, au détour d'un terre-plein abandonné, on peut tomber sur une maison isolée, plantée sur son piquet, réplique miniature, avec ses étages, ses fenêtres murées, son escalier extérieur de fer rouillé, d'un immeuble démoli. C'est l'œuvre d'une artiste, Laura Foreman, qui émaille ainsi la ville d'objets de mémoire. Le Folk Art Museum de New York expose régulièrement des maisons d'oiseaux, et ses boutiques en proposent d'étonnantes, notamment dans la tendance actuelle de recyclage.

DOUBLE PAGE SUIVANTE
Pour fêter Halloween, le 31 octobre, trois maisons d'oiseaux nichées dans le feuillage, parmi les coloquintes et les mini-citrouilles, composent une atmosphère d'automne sur la console en rotin.

PAGE DE DROITE
Avec sa rigueur toute presbytérienne, elle ressemble à ces petites églises qui ponctuent les paysages de la côte est.

une jolie (et trompeuse !) patine, ce qui incite à la contrefaçon. On se laissera donc guider dans son choix par le charme, le sentiment d'être en face d'une maison d'oiseau qui a vécu et fait des heureux. Si l'on a du goût pour la récupération des vieux matériaux, on se lancera avec bonheur dans une réalisation personnelle. Ce ne sont pas les ouvrages pratiques qui manquent !

TROUVER DES LOCATAIRES

Une autre affaire est de voir sa maison habitée. Là, plusieurs facteurs interviennent, jusqu'à la couleur de la maison, la taille et la profondeur de l'orifice (certains oiseaux aiment nicher profond, d'autres près de la sortie), l'emplacement : contrairement à ce que l'on imagine, un oiseau ne choisira pas une maison suspendue à une branche d'arbre… de peur de recevoir la visite d'un chat ou d'un écureuil (les écureuils sont en Amérique du Nord presque aussi nombreux que les oiseaux !). L'idéal est de jucher la maison sur un piquet, à plus d'un mètre du sol, dans un espace découvert – pour que l'oiseau puisse entrer et sortir facilement – et abrité du vent. Pour séduire un locataire éventuel, on ajoutera quelques « plus » : une balustrade, qui empêchera les oisillons de tomber du nid lors de leurs premières tentatives de vol ; une bonne ventilation et une atmosphère tempérée (ce que n'offrent pas les maisons en fer ou en tôle) ; un garde-manger à proximité,

La maison d'oiseaux fait si bien partie de la vie américaine qu'il n'est pas rare d'en construire une sur mesure, décorée de messages personnels, pour l'offrir à une amie.

ACHETER OU CONSTRUIRE ?

La plupart des maisons d'oiseaux que l'on trouve aujourd'hui ont moins d'un siècle. Il est rare en effet que leur structure résiste au-delà. Cependant, quelques hivers passés dehors donnent à une maison flambant neuve

qu'il s'agisse d'arbustes à baies, d'arbres fruitiers, d'un bassin ou d'une fontaine, réservoirs inépuisables d'insectes ; et divers éléments pouvant servir à la construction du nid. L'anatomie d'un nid est un inventaire à la Prévert : bouts de laine tirés d'un plaid oublié dehors, trombones, épingles à cheveux ou papiers de bonbon, ces bribes reflètent aussi les activités de la famille qui vit tout près. Enfin, il est indispensable de procéder à un grand nettoyage avant chaque printemps : jamais un oiseau ne nichera dans une maison souillée (si vous la construisez vous-même, le plus simple est de prévoir un fond amovible). Ces petites attentions n'empêcheront peut-être pas notre oiseau d'élire domicile dans un endroit inattendu, la lanterne sous le porche (que l'on n'osera plus allumer !) ou le panier de basket (où l'on se défendra bien de jouer avant que les petits n'aient pris leur envol).

Alignées sur leur perchoir, les clefs ne s'envoleront plus !

La maison d'oiseaux est devenue panier à œufs, en échangeant son toit contre une frise de coquelets en fer découpé.

Après tout, l'important est qu'ils soient là. Ne dit-on pas que les oiseaux ne font leur nid que dans le jardin des gens heureux ?

aig

H. Remson

Oscar Wilde

Mrs O

Queen Mary

Nea

Le quilt : une histoire cousue d'amour

La sobriété du dessin et le choix des couleurs traditionnelles (les couleurs vives et les imprimés sont exclus) signent le quilt amish.

L'histoire du quilt est semée de love stories. C'est ce qui rend si émouvante la rencontre avec un de ces trésors chiffonnés, oubliés au fond d'un grenier ! Tout ce temps passé sur un ouvrage – parfois des années – à penser sans cesse à la personne à qui on le destine... cela fait beaucoup d'amour enfermé dans chaque point. On confectionnait autrefois des quilts de mariage : douze modèles pour le trousseau et un treizième, blanc, brodé de cœurs, que l'on consignaient jusqu'au grand jour dans le *hopechest*, le « coffre des espérances ». Un fiancé mort à la guerre, une histoire d'amour qui finissait mal, et ces quilts restaient enfermés à jamais.

La tradition du *Graduation Quilt* est toujours bien vivante. Composé par sa mère d'échantillons de tous ses souvenirs – de sa première barboteuse à son tee-shirt de base-ball ou à la nappe de Noël de son enfance –, il rappellera au jeune bachelier partant pour l'université le *home sweet home*.

PAGE DE GAUCHE
*Découvrir la signature d'Oscar Wilde fut une surprise pour l'acquéreur de cet **Album Quilt** des années 1880, payé quelques dollars il y a vingt ans.*

CI-CONTRE
*Ce quilt aux couleurs
d'hiver interprète
joyeusement un célèbre
motif dit du drunker's
path, le pas de
l'ivrogne... encore appelé
Rob Peter to pay Paul,
prendre à Pierre pour
donner à Paul, car
il échange les couleurs
d'un carré à l'autre.
Il date des années 1880.*

PAGE SUIVANTE
*Pour nous rappeler
que le quilt américain
est né pour réchauffer
les terribles hivers de
ce climat continental,
cet épais matelassé
aux Thousand Triangles
(1920) est un Scrap
Quilt, fait de tout petits
restes de tissus.*

Autre joli geste : le quilt que l'on coud pour le cinquantième anniversaire de mariage de ses parents, sur lequel sont brodés les prénoms de tous les enfants, petits-enfants et arrière-petits-enfants. Et n'est-elle pas touchante, l'histoire de cette vieille dame qui, devenue veuve, enfouit son chagrin dans un grand projet : elle découpa toutes les chemises de son défunt mari et en fit un quilt qu'elle offrit à ses enfants ? On s'émerveille également devant la somme de tendresse que représentent ces quilts conçus et offerts anonymement pour apporter un peu de douceur à ceux qui ont tout perdu dans un de ces ouragans qui dévastent régulièrement des pans entiers de côtes américaines.

Assembler de petits morceaux de tissus (de peausserie ou de végétaux) constitue le *patchwork*. Le patchwork devient quilt lorsque cet assemblage est à son tour cousu sur deux ou plusieurs épaisseurs de tissus, créant ainsi des reliefs. Certains historiens ont décelé un quilt gravé sur le vêtement d'une figurine de pharaon en ivoire datée de 3 400 av. J.-C. Sans remonter aussi loin, le rembourrage qui, au Moyen Âge, rendait plus confortable le port de l'armure était déjà une forme de quilt. Le terme

lui-même apparaît en Amérique au XVIIᵉ siècle pour recommander le quilt, « plus ferme que la plume », dans la préparation du berceau.

Pendant deux cents ans, le quilt va représenter le seul domaine où les femmes peuvent exercer librement leur créativité. Elles prennent l'habitude de se réunir, assises autour de l'ouvrage tendu sur un cadre. Ces séances, dites *Quilting Bees*, peuvent durer des jours. Loin de la tutelle des hommes, on bavarde, on échange des nouvelles et les idées circulent. C'est ainsi que les *Quilting Bees* joueront leur rôle dans les mouvements d'émancipation des femmes. Dans les années 1830 apparaissent dans les magazines féminins les

Ce quilt récent prouve que me charme n'attend pas le nombre des années.

EN MÉDAILLON
Ce Signature Quilt des années 1880 représente Martha et George Washington. Pourquoi ne pas garder l'idée d'une galerie de portraits de famille brodés sur un simple boutis blanc ?

45

machine à coudre accélère le mouvement. Sur les photographies d'époque, on voit la famille au complet poser fièrement devant la ferme, entre le percheron et… la Singer que l'on a sortie dans la cour pour l'occasion. Peu à peu, les Bees s'organisent en coopératives. On reçoit ses modèles sur catalogue et on « quilte » à domicile. Il se forme une véritable *Quilt Cottage Industry* qui existe encore aujourd'hui.

Dans les maisons huppées des banlieues chic, les *Quilting Bees* s'apparentent à de véritables mondanités. Dans un style plus populaire se tient chaque année, en Caroline du Nord, la *Uncle Eli's Quilting Party*. Le premier jeudi d'avril, plus de deux cents personnes convergent de toute l'Amérique pour quilter ensemble jus-

On n'attend plus que le Père Noël ! Ou comment deux quilts vert et rouge (une paire de rares quilts mennonites du début du siècle, au motif en dents de scie, sawtooth diamond) suffisent à créer une atmosphère de fête dans la chambre d'amis. Les coussins confectionnés dans un vieux quilt, reprennent le motif de l'échelle de Jacob.

PAGE DE DROITE
Cet ancien lit de poupée ne serait pas aussi « cosy » sans son quilt. On date un quilt d'après sa pièce de tissu la plus récente. Ici, ce bleu est caractéristique des années 1880.

premiers modèles de quilts, assortis de thèmes de broderies, d'histoires et de poèmes qui sont autant de sources d'inspiration pour les *Bees*. À partir de 1860, l'invention de la

CI-CONTRE
Enfance et quilt vont bien ensemble : même douceur, même rebondi, même gaieté ! Le quilt se fait ours, cheval à bascule, petit cœur ou couvre-lit tapis de jeux. Une seule précaution : le choisir résistant et lavable.

Pour débanaliser une porte de placard que l'on veut garder ouverte sur ses trésors, il suffit de la « doubler » d'un quilt.

Celui-ci, aux couleurs patriotiques, a été fait en 1946 par une grand-mère qui célébrait ainsi le retour après la guerre de son petit-fils.

qu'au soir et certaines n'ont pas manqué une séance depuis la première... en 1931 ! En 1987 commençait ce qui promet d'être, malheureusement, le plus grand Quilting Bee de l'histoire américaine : chaque quilt représente une vie anéantie par le sida. 45 000 quilts furent ainsi exposés récemment devant le Capitole, couvrant près de huit hectares.

Le quilt eut ses modes, qui permettent de suivre son histoire dans le temps. Les premiers appartiennent à la grande famille des *Signature Quilts* et célèbrent un événement, une amitié (*Friendship Quilt*) ou l'histoire d'une vie (*Album Quilt*). Les *Friendship Quilts* comportent toujours un espace blanc avec une ins-

cription ou des signatures. Ils furent très nombreux entre 1840 et 1875, pendant les longues années de la guerre civile. Les *Album Quilts* sont faits de carrés juxtaposés, généralement sur fond blanc, décorés de motifs colorés : panier, fleurs et fruits (dont l'ananas, emblème de l'hospitalité), arbres, oiseaux, étoiles, couronnes, anneaux et cœurs... Le motif se répète à l'identique, ou mêle différents symboles qui racontent alors une histoire.

Les *Log Cabin Quilts* apparaissent peu après 1860 et la campagne présidentielle de Lincoln qui affichait les idéaux de la vie de pionnier. Constitués de quelques blocs géométriques, de cubes en perspective ou de simples barres (les *logs*, ou rondins), ils jouent sur l'oppo-

L'école, une porte, deux fenêtres, comme sur un dessin d'enfant, est un motif classique. On est frappé par la fraîcheur et la modernité du dessin qui date pourtant des années trente.

PAGE DE GAUCHE
Pour changer des sempiternels drapés qui recouvrent les non moins classiques petites tables rondes, un délicieux quilt de berceau de 1885, dit square in a square, un carré dans un carré.

sition des teintes claires et foncées pour donner au dessin tout son relief. Beaux et fascinants comme des tableaux de la période cubiste, ils se « lisent » en diagonale ou en verticale, et sont souvent rythmés de rouge.

CI-DESSUS ET PAGE DE DROITE
Un petit personnage qui vous accueille à bras ouverts, un avion jouet, de drôles d'escarpins à talons hauts... une idée pour chaque pièce, ce sont les quilts tableaux d'aujourd'hui. Si faciles à réaliser que l'on est sûr de les terminer.

À la rigueur succède un coup de folie. Le *Crazy Quilt*, comme son nom l'indique, n'obéit à aucune règle de composition. Il mixte toutes sortes de tissus, avec une prédilection pour les soies et les motifs orientalisants, le tout repiqué de broderies en zigzag. Sa mode est brève : au top en 1870, elle disparaît dix ans plus tard.

Au cœur des années 1920-1930, le *Scrap Quilt* opère un retour à la tendresse. À la

façon d'un album de collages (*scrap book*), il rassemble, comme au hasard, tous les petits bouts de tissu que l'on a sous la main. En contraste sévit le *Bon Bon Spread Quilt*, appelé aussi *Yo Yo Quilt*. Ce pur produit des années folles est formé de petites pièces de tissus de même taille, froncées en rosettes et cousues entre elles. L'ensemble, tout en trou-trous, s'apparente à un ouvrage au crochet.

En dehors des modes, on retrouve les quilts à motifs figuratifs stylisés qui commémorent les grands événements avec une émotion naïve : un avion pour la traversée de l'Atlantique par Lindbergh en 1927, un petit marin ou un bateau pour la Seconde Guerre mondiale.

Les quilts amish tiennent une place à part, car leur style n'a pas varié depuis leurs débuts. La religion amish interdisant toute reproduction du réel, ces quilts sont constitués de larges pièces de tissus unis, aux tons sourds et sombres de vert, violet, pourpre, marine et noir, géométriquement assemblés. Les amish ayant appris à quilter de leurs voisins « anglais » (ainsi appellent-ils les Américains et les étrangers en général), on trouve très peu de quilts amish avant 1880. C'est en revanche un artisanat aujourd'hui florissant, et si les couleurs sont toujours aussi sobres, le polyester a souvent remplacé le coton et le piquage à la machine, l'aiguille.

Six Early American
Quilt Postcards
Marcie Hendler

Autant d'étoiles que de carrés dessinent un Album Quilt tendre et coloré qui accompagne les soirées d'été au jardin. Un grand classique de la fin du siècle dernier.

ACHETER UN QUILT

Les prix des quilts anciens se sont envolés au cours de ces trente dernières années. Autrefois, on leur accordait si peu de valeur que l'on ne pensait même pas à les vendre. Abîmés, ils étaient relégués au garage ou dans la grange où ils protégeaient du gel le radiateur du vieux pick-up ou la récolte de pommes. En 1971, l'exposition « The Pieced Quilt » au Whitney Museum de New York a agi comme un détonateur. Depuis, pas une année ne passe sans que soit organisée une grande rétrospective dans l'un ou l'autre des grands musées américains. Résultat, un quilt que l'on emportait à l'époque dans une brocante pour 25 $ sous l'œil apitoyé du vendeur vaut aujourd'hui de 500 à 800 $ chez un antiquaire spécialisé. Heureusement, on peut encore dénicher des trésors à des prix accessibles, notamment dans les ventes de charité qui fleurissent partout en été. Très intéressants aussi, car bizarrement peu cotés, sont les dessus de quilts. On possède alors la partie patchwork, que l'on pourra toujours quilter un jour pour achever un travail commencé quelque cent ans plus tôt.

À côté des pièces de musée que les professionnels traitent avec des gants blancs et du papier de soie (non acide !), la production continue. Devant les étalages des *Country Fairs*, ces foires artisanales qui inondent toute l'Amérique, le mieux est de fonctionner au coup de cœur. Un quilt fait à la commande pour le marché américain par une villageoise chinoise peut avoir autant de charme que celui cousu par une fermière du Kentucky pour arrondir ses fins de mois.

COMMENT DATER UN QUILT ?

Toujours d'après la pièce de tissu la plus récente. Ainsi, un petit carré de synthétique parmi des cotonnades usées trahit une facture récente. Et à d'autres signes plus subtils comme le toucher, les motifs des imprimés, la matière du garnissage, la qualité des points (ainsi, une double série de points est un indice d'ancienneté, car on disposait autrefois de plus de temps). Le piquage à la main n'est pas un critère : les quilts made in china nous arrivent cousus main tandis que certains quilts du XIXe siècle sont piqués à la machine.

Partie cachée, souvent bâclée, l'envers du quilt est une mine de renseignements. S'il est fait de plusieurs morceaux, il a plus de chances d'être ancien. De même s'il est en lin. Tissé à la ferme, solide et bon marché, le lin était autrefois davantage utilisé que le coton, produit de luxe importé des Indes et d'Angleterre jusqu'au XIX⁰ siècle.

FAUT-IL RÉPARER UN QUILT ?

Sauf s'il s'agit d'une pièce de grande valeur, oui. C'est dans la nature du quilt d'être fait de petits morceaux. Que vous ajoutiez le vôtre ne fait qu'augmenter son charme...

FAUT-IL NETTOYER UN QUILT ?

L'aérer, le dépoussiérer à la brosse douce, oui. Le laver, seulement si c'est absolument nécessaire. Après les précautions d'usage (déterminer à quels tissus on a affaire, tester la couleur avec quelques gouttes d'eau d'abord, tamponnées avec un linge blanc pour voir si la couleur tient, recommencer avec un peu de détergent), on peut l'immerger dans la baignoire où on se contentera de le tapoter sans le soulever pour ne pas faire craquer les coutures sous le poids. Pour rincer, évacuez l'eau sans déplacer le quilt et répétez l'opération plusieurs fois. Soulevez le quilt en le soutenant avec précaution et essorez-le en le roulant dans une serviette-éponge. Faites-le sécher à plat et à l'ombre.

METTRE EN VALEUR SES QUILTS

Autrefois, le quilt ne sortait pas de la chambre où il servait uniquement de couvre-lit. Aujourd'hui, on le met au mur comme un tableau, on le jette sur un canapé comme un plaid, on en nappe une table. Dans un chalet à la montagne, il se transforme en rideaux chaleureux ; dans une chambre d'enfant, en tapis de jeux doux et moelleux. On peut même le suspendre en rideau de douche, en le doublant au préalable d'une feuille imperméable. L'essentiel est de vivre avec ses quilts. Et si on en possède plusieurs, on pourra les exposer par roulement afin qu'ils ne restent pas trop longtemps stockés dans une armoire.

Ce qu'ils n'aiment pas : être enfermés dans des sacs en plastique, exposés au soleil, rangés pliés serré (mieux vaut les rouler).

Les suspendre ne les abîme pas si le poids est bien réparti. On peut utiliser une baguette sur laquelle on fixe le quilt à larges points sur l'envers. Ou doubler le haut d'une bande de tissu et glisser la baguette entre les deux. Une autre méthode, a priori peu orthodoxe, permet de renouveler facilement ses « tableaux » : fixer au mur une baguette de tapissier hérissée de pointes fines. Piquer le quilt dessus. Les multiples pointes répartissent le poids et ne transpercent guère que la doublure.

Old Glory :
l'Art et l'Étendard

Déniché chez un antiquaire de Nyack, dans l'État de New York, ce miroir de bois sculpté et peint est un des nombreux témoignages de l'élan patriotique qui déferla sur le pays en 1876.

Dans une banlieue chic de New York, Roy E. Fagan hisse devant sa maison son drapeau qu'il abaissera au coucher du soleil. Il recommence le lendemain et tous les jours, sauf par mauvais temps (laisser son drapeau se faire malmener par la tempête n'est pas " politiquement correct "). Ce rituel n'a rien à voir avec une appartenance militaire ou politique. C'est le geste quotidien de millions d'Américains qui n'en laisseraient pour rien au monde l'exclusivité aux édifices gouvernementaux et aux anciens combattants. Le pays présente une telle mixité qu'il a besoin de ce symbole d'unité pour rallier tous ceux qui peuvent se dire Américains. Sur un porche, sur une pelouse sur trois flotte le drapeau américain. Sur le Capitole de Washington comme sur les parkings de voitures d'occasion. Minuscule timbre de papier monté sur un cure-dent au sommet d'une coupe glacée, ou ouvrage géant pesant une tonne, étalé sur trois terrains de football (l'Amérique adore battre des records). On achète son drapeau et son mât chez le quincaillier, comme on achète sa boîte à lettres homologuée en métal noir avec l'oreille mobile rouge. Et dans les petits matins frais, les enfants

PAGE DE GAUCHE
Chaque maison, chaque pelouse, chaque point de vue est souligné par la présence du drapeau. Une façon de dire « je t' aime » à son pays dont la Constitution promet le bonheur à ses citoyens.

55

Où va se piquer
le patriotisme ?
Sur un porte-aiguilles
made in Germany.
L'acier allemand au
service de l'aigle
américain…

L'Amérique adore les
thèmes et ne se prive pas
de les exploiter
commercialement.
Déjà, en 1876, pour
commémorer les cent ans
de l'Union, tous
les objets de la vie
quotidienne prirent
l'allure patriotique.
Témoins ce jeu de
dominos et cette tirelire.
Le throw, cette
couverture de gros coton
frangée que l'on trouve
dans chaque maison,
reproduit les souvenirs,
les événements,
les contes et légendes
de la vie américaine.

rassemblés devant l'école autour du mât, la main droite sur le cœur, récitent « I pledge allegiance to the flag », (« Je prête allégeance au drapeau »), tandis que le héros du jour hisse le drapeau.

Depuis sa reconnaissance officielle en 1776, ce symbole de l'Union a connu une trentaine de versions, à commencer par celle de la légendaire Betsy Ross, starifiée dans sa chaumière, penchée sur l'ouvrage. Parti de treize rayures et treize étoiles, il devait se voir gratifié d'une rayure et d'une étoile supplémentaires chaque fois qu'un nouvel État rejoignait l'Union. Mais l'entreprise se révéla vite impraticable pour les rayures, et seules les étoiles prirent du galon. La dernière apparut en 1959, lorsque Hawaii

devint le cinquantième État d'Amérique. Au cours des années, les étoiles furent disposées en cercle, en lignes, en quinconce, en croix ; les rayures furent bleues et rouges, bleues, rouges et blanches, puis rouges et blanches. Quel que fût le modèle en vogue, le drapeau a toujours été de toutes les commémorations. En tête des convois, dans les grandes années d'exploration de la première moitié du xixe siècle, il flotte sur les icebergs du futur continent arctique dès 1838, mais attendra 1909 pour toucher le pôle Nord, au terme d'une incroyable expédition dans les glaces. On le repère dans le sillage de David Livingstone, perdu à la recherche des sources du Nil en 1866. Coincé par quelques cailloux, il apparaît au monde

entier, flottant sur la Lune, ce fameux jour de juillet 1969. Il est à la fête comme à la guerre. C'est lui que l'on érige, à la place du drapeau français, le 20 décembre 1803, quand Napoléon vend la Louisiane aux États-Unis pour quinze millions de dollars. Pendant la Première Guerre mondiale, il prend le visage de l'oncle Sam, accompagné d'une charmante « Miss Liberty », habillée de bleu, blanc, rouge. Il figure sur le casque des soldats sud-

vietnamiens, comme sur les sacs de blé déversés famine après famine de la Somalie à l'Égypte. « Old Glory », comme le surnomment affectueusement les Américains, connut cependant des hauts et des bas. Dans les années soixante, à l'époque du film *Easy Rider*, il est tourné en dérision par les mouvements anti-establishment (un activiste notoire est pris en flagrant délit de se moucher dans un simili drapeau), ou brûlé au cours de manifestations contre la guerre au

Viêt-nam. Pour le protéger du déshonneur, on lui vote une loi qui est abrogée quelque temps après, au nom de la sacro-sainte liberté d'expression américaine. Liberté associée à un sens de la fête sans complexe qui donne lieu le 4 juillet (*Fourth of July*), jour de la fête nationale, à tous les délires créatifs : parades, feux d'artifice et proclamation de foi dans « la vie, la liberté et la poursuite du bonheur », le jeu étant de voir des drapeaux partout, jusque sur les poussettes des bébés ou le collier du chien. Quand ce n'est pas sur un « tableau » de nostalgiques du pop'art, où le pop-corn figurent les étoiles et les hot-dogs, les rayures. Pourquoi ce symbole, que possède chaque pays, est-il devenu aux États-Unis un objet d'adulation en même temps qu'une source d'inspiration que l'on retrouve jusque sur les mugs du petit déjeuner ? Tout a commencé avec la grande Exposition de Philadelphie, en 1876, qui commémorait les cent ans de l'Union. Prise d'un élan patriotique, l'Amérique entière a enfourché le thème du « drapeau ». La vie quotidienne a pris des couleurs, des rayures et des étoiles. On a vu des tirelires, des jouets, de la vaisselle, des quilts et jusqu'à des barrières de ferme prendre la forme. Puis on lui a trouvé... du style. Sa cote est montée en même temps que celle du célèbre tableau de Jasper Johns aux quarante-huit étoiles, car il date de 1954, avant que l'Alaska et Hawaii n'aient ajouté la leur. Artistes, décorateurs et stylistes l'ont adopté. Ralph Lauren, et beaucoup d'autres, en ont fait le symbole de leur marque. Et dans le *way of life* américain, ponctué de traditions, il marque les jours heureux, le début de l'été, des pique-niques et des vacances. Memorial Day et Labor Day, deux week-ends où le drapeau est de sortie, donnent le signal de l'ouverture et de la fermeture des maisons de vacances. Oui, l'Amérique est bien le seul pays où le bonheur est promis par la Constitution !

Tant de popularité – et de sens commercial – ont forcément laissé des traces, et sur le thème du « drapeau », on peut facilement monter une collection. En sachant toutefois qu'on la partage avec des millions d'Américains !

La chaise miniature : un rêve qui tient debout

A priori, elle a quatre pieds et doit tenir debout. À partir de là, tout est possible. La miniaturisation transforme l'ordinaire en exceptionnel, joue avec l'humour, les fantasmes, agite les symboles et crée des petites merveilles qui tiennent dans le creux de la main.

L'Amérique a un goût très vif pour les collections. Tout lui est prétexte, et en particulier les sièges miniatures. Une passion qui va de pair avec celle des maisons de poupée, qui sont loin d'être cantonnées à la chambre d'enfant.

En passant en revue un siècle ou deux de sièges miniatures, on décrypte d'un coup d'œil les styles et les visions de chaque époque, les modes et leurs excès, l'influence des matériaux sur le dessin.

Dans le style néoclassique du XVIIIe siècle, on découvre les volutes du style Hepplewhite, les dossiers en lyre et colonnes du style Sheraton. On reconnaît la Windsor, d'origine

anglaise, avec son assise généreuse, souvent marquée de deux creux suggestifs. On s'amuse des excès du XIXe siècle, avec sa passion pour les chinoiseries, le bambou et la laque, avec son goût du confort qui fit du rocking chair un succès à l'échelle nationale, même si ses détracteurs le traitaient de « narcotique de bois ». On détecte l'influence des nouvelles techniques (comme les bois tournés à la manière de Thonet), et l'âge d'or de la machine se reflète dans les modèles issus du mouvement *Arts & Crafts*. Les fauteuils rustiques, souvenirs du Michigan ou

CI-DESSOUS ET À DROITE
Ces fauteuils de jardin miniatures du début du siècle rappellent étrangement ceux que l'on trouve encore dans les squares oubliés de New York.

CI-DESSOUS
Un petit air Chippendale pour ces chaises en mélamine qui appartenaient sans doute à une maison de poupée des années cinquante.

CI-DESSUS
Comment placer ses invités ? Devant chaque couvert, un mini-siège et un nom. Clin d'œil aux rangées de chaises réservées des manifestations officielles !

CI-CONTRE
Ce sofa capitonné et son fauteuil assorti en fonte vert laitue, ne les dirait-on pas sortis tout droit d'un Motel ou d'un Beauty Parlor, quelque part en Floride, dans les années cinquante ?

du Yellowstone, font rêver de cabanes en rondins devant un lac de montagne. On s'amuse des sièges gags, tellement kitsch : le fauteuil vide-poches, cendrier, boîte à couture, la chaise puzzle, le tête-à-tête salière et poivrier...

Devant tant de créativité, on en oublierait presque que, là aussi, tout a commencé en Europe. Dès le XVIIe siècle, ébénistes et artisans exhibaient de cours en châteaux leurs œuvres de maîtrise, prodiges d'habileté sur quelques centimètres. L'aristocratie s'en amusa et les meubles miniaturisés remplirent les cabinets de curiosités. Au XIXe siècle, le prodigieux se banalisant, l'intérêt s'émoussa et les miniatures déménagèrent dans la nursery où elles intégrèrent la maison de poupée. Ce n'est que récemment qu'elles passionnent de nouveau les collectionneurs et inspirent les artistes. Il y a un véritable engouement pour les rééditions miniaturisées de ces monuments que sont les coques de plastique de Charles et Ray Eames, les réalisations futuristes du Bauhaus, les tubes d'acier de Mies van der Rohe ou les encastrables de Frank Lloyd Wright. Quant à la tendance actuelle, elle est au recyclage (ce qui donne lieu parfois à des créations surprenantes) et à la mise en scène, au siège qui raconte une histoire ou décrit un style de vie.

À lui seul, ce fauteuil club représente l'american way.

QUE DISENT LES COLLECTIONNEURS ?

Triomphe de l'imaginaire et de la fantaisie sur le fonctionnel, cette collection permet d'accumuler les styles sans encombrer sa maison, et... de jouer à la poupée sans complexe. Attention, c'est une collection très attachante. Déjà les Mycéniens emportaient dans leur tombe des copies miniaturisées en argile de leur siège favori. Et nous, ne passons-nous pas notre vie à la recherche du siège idéal, celui qui tour à tour stimule nos neurones et nous invite à rêver ?

PAGE SUIVANTE
Par nécessité, faute de disposer d'autre matériau, ou par goût de la récupération, la boîte de conserve inspire les artistes de tous les pays. Témoin ce siège patiemment découpés, ourlé, bouclé, avec son coussinet de velours passé. Un petit monument de kitsch (involontaire ?).

COMMENT ASSOUVIR SA PASSION ?

On trouve des miniatures en Amérique dès le XVIIIᵉ siècle. Le peu d'exemplaires qui restent de cette époque sont des pièces de musée. Parmi l'importante production du XIXᵉ siècle, on peut facilement dater les modèles fabriqués entre 1836 et 1880 car ils étaient soumis à l'U.S. Patent Office et donc catalogués.

La plupart des miniatures que l'on trouve au hasard des brocantes proviennent d'anciennes maisons de poupée. Et la fabrication continue. On s'étonne de voir le nombre de boutiques entièrement consacrées à la *dollhouse*… jusque sur les autoroutes, où elles prennent des allures de châteaux de contes de fée pour se faire remarquer entre deux Mc Donald's ! Sous leur aspect de carton-pâte, elles réservent parfois des surprises quand, dans un océan de banalités, on découvre l'exemplaire unique amoureusement élaboré par un retraité local. Il en est de même dans les *Craft Fairs* (foires artisanales) de campagne où, selon la région, on dénichera le fauteuil en *twigs* (branchage), le rocking-chair typique du Sud ou la chaise de style shaker.

Une amorce de recyclage avant la lettre ? Il s'agit bien de pinces à linge, et l'idée date des années cinquante.

Faits de branchettes et de rameaux, ces fauteuils sont fabriqués dans le Montana ou les Adirondacks, là où les hivers sont longs et la neige trop haute pour sortir de chez soi.

Les joyeux imprimés du style *country*

D'une nappe hors d'âge, mais non hors d'usage, on fait de jolis coussins. Leur dessin rétro est souligné d'une dentelle au crochet.

Country Style est ici un mot magique. Ce style, qui n'a pas grand chose de commun avec celui de nos campagnes, se retrouve partout, dans les *beach cottages* des Hamptons comme dans les lofts de Manhattan, les fermes du Vermont ou les cabanes du Montana. Le *Country Style* a son inspiratrice, Mary Emmerling, qui en communique les secrets, livre après livre. C'est un mélange typiquement américain de *Folk Art*, art populaire, de meubles patinés pimentés d'une brocante savamment passée (*junk*). Côté tissus, le Country Style s'habille de lin ou de coton à carreaux (*cotton checked*) et d'imprimés rétros (*vintage*).

Introduits par les colons arrivés d'Angleterre au XVIIᵉ siècle, les tissus à carreaux seront durant longtemps les seuls motifs représentés. Ils sont fabriqués à la ferme, avec le lin du champ et la laine du troupeau. À l'époque, le coton est un luxe importé des Indes. Il faudra attendre 1796 et l'invention du *Cotton Gin*, la machine à

PAGE DE GAUCHE Il y a dans ces imprimés country, une fraîcheur, une gaieté qui font rêver de campagne. Pour pique-niquer au jardin, une nappe à carreaux s'est assortie à la vaisselle de camping traditionnelle, en tôle émaillée bleu moucheté de blanc.

71

séparer les graines de la fleur, pour que la production des États du Sud prenne son essor. Les teintures sont naturelles et les couleurs sont devenues des classiques : le rouge garance, le jaune safran et surtout l'indigo qui prend toutes les nuances de bleu selon sa provenance (la poudre d'indigo importée du Bengale et des Indes a une palette plus subtile que celle que l'on récolte alors en Caroline et en Louisiane) et selon l'agent fixateur avec lequel on le mélange (cendres de bois, vert-de-gris, copeaux de fer...). Les points sont variés et le tissage plus ou moins serré selon l'usage auquel on destine la pièce de tissu. Préparation et tissage nécessitent une telle somme de travail que le linge de maison représente

CI-DESSUS

*Rayures noires et carreaux rouges : déjà au XIX*ᵉ *siècle on aimait les assortis désassortis ! Le fauteuil à oreillettes a enfilé sa housse d'hiver en lin blanc et noir. Celle d'été est jaune et blanche.*

Pour habiller les conserves faites à la maison, des échantillons de tissus country noués d'une simple ficelle.

PAGE DE DROITE

Sous le porche, un canapé d'osier défraîchi est rajeuni par un mélange de coussins en lin.

CI-CONTRE

*La sobriété de ce lin à larges carreaux, fabriqué comme autrefois, éclaire la banquette et les sombres boiseries d'une maison de campagne du XVIII*ᵉ *siècle.*

l'époque une véritable richesse (un inventaire de 1633 fixe la valeur d'une nappe à celle d'un coffre plus une chaise).

En découvrant ces tissus anciens dans les musées régionaux, on est frappé par la variété des motifs (bien qu'ils soient cantonnés à l'uni, aux carreaux et aux rayures) et par l'audace des mélanges : gros carreaux avec revers à petits carreaux, carreaux bleus doublés de rayures rouges…. Tout ce que nous aimons aujourd'hui !

L'autre tendance du Country Style n'est pas si ancienne. C'est la nostalgie des années cinquante qui a remis à la mode le linge de table rétro, comme elle a fait des faïences McCoy de l'Ohio ou des couverts à manche de Bakélite des pièces de collection, comme elle a réédité les services de table aux formes rondes de Fiesta Ware, les mixers et les toasters aux pare-chocs chromés. Tout coton, un brin kitsch, ces tissus représentent des fleurs et des fruits vivement colorés sur de larges fonds blancs. Certaines séries sont particulièrement recherchées. Ainsi, les *Sackcloth* des années trente. En pleine dépression, les fabricants de denrées alimentaires ont l'idée d'emballer leurs produits dans des sacs de coton réutilisables, imprimés de motifs bariolés, et accordent un yard de tissus pour l'achat de quelques sacs de farine ou de grain. Le coton est ordinaire et les imprimés rappellent ceux de nos toiles cirées d'autrefois. Autre trésor – et bien avant qu'Andy Warhol ait donné à la boîte de Campbell Soup le succès que l'on sait –,

À la gloire des nouveaux ustensiles de la cuisine moderne : le toaster, la bouilloire, le shaker… cet imprimé nous rappelle que les plus grandes inventions des arts ménagers datent de cette époque.

PAGE SUIVANTE
Réédition d'un motif fruité typique des années cinquante. On reconnaît tout de suite que le mixeur est de la même époque !

les imprimés reproduisant en miniature et en série les objets, outils, jouets de la vie quotidienne. Plus tard, dans les années cinquante-soixante, ce seront des ribambelles de Mickey et autres personnages de *cartoons* qui sortiront des studios d'Hollywood. Très recherchés également, les *Americana*. C'est la fin de la Seconde Guerre mondiale, les soldats sont de retour et tout le pays célèbre « le grand rêve américain ». Les imprimés retracent la conquête de l'Ouest, reproduisent les paysages et les points de vue les plus spectaculaires de la vaste Amérique, la traversée des Rocheuses, la descente des rapides et les sites touristiques les plus visités, des chutes du Niagara aux plages de Floride.

TISSUS AUTHENTIQUES OU RÉÉDITIONS ?

Aujourd'hui, la plupart de ces cotonnades à carreaux sont fabriquées en Inde, y compris le *ticking*, un robuste twill de coton finement rayé. S'ils paraissent trop neufs, un rinçage au *bleach* – l'équivalent, en moins musclé, de notre eau de Javel – suffit à les vieillir. Les pièces anciennes atteignent des prix d'autant plus excessifs que l'on trouve ces mêmes

Pour rester dans le ton des années quarante, on a choisi un croquet pour border ces sets, taillés dans une nappe très usée, achetée 2 $ dans une brocante.

tissus de lin ou de coton, fabriqués artisanalement selon les méthodes traditionnelles, à des prix raisonnables.

Quant aux imprimés rétro, c'est l'inverse : on en trouve facilement d'authentiques et ils ne sont pas plus chers que les rééditions. Seul inconvénient, ce sont presque uniquement des nappes et elles n'ont pratiquement jamais de serviettes assorties. Les imprimés fleuris-fruités les plus communs valent entre 15 et 50 $ selon leur état. Il faut compter environ le double pour un motif rare.

Certains catalogues (*Williams-Sonoma*, *Whispering Pines*) et boutiques (*ABC New York*) présentent des rééditions en nappes, sets ou torchons.

Le decoy,
ou les charmes de
l'imposteur

L e *decoy* est né de l'instinct du chasseur. Chaque automne, les oiseaux migrateurs empruntent une des quatre grandes routes qui descendent du Canada vers le sud des États-Unis pour prendre leurs quartiers d'hiver. Leur trajectoire est ponctuée de relais gastronomiques, tels les champs de maïs de la *Corn Belt*, les rizières du Texas, le vaste estuaire du Mississippi ou l'embouchure de Chesapeake Bay dans le Maryland. Ayant remarqué que les oiseaux ont tendance à se poser là où leurs congénères sont déjà rassemblés – ce qui est une façon de s'inviter à déjeuner –, le chasseur se met à l'affût, après avoir placé quelques oiseaux de sa fabrication en guise de leurre.

Ce pays de lacs déserts et d'estuaires larges comme des mers abrite une immense population d'oiseaux sauvages... et presque autant d'imposteurs !

Il y a mille et quelques années, un Indien du Sud-Ouest façonna une forme ressemblant à un canard, en peau, fourré de joncs séchés, piqua trois roseaux en guise de tête et badigeonna le tout de pigments colorés. Premier decoy américain, il est exposé au musée des Indiens d'Amérique, à New York. Les premiers colons, arrivés au XVIIe siècle, commencent par copier les modèles indiens. Las ! ils s'avèrent fragiles et ont tendance

Après la guerre civile, avec le développement des armes à feu et cette réserve d'oiseaux sauvages qui semble inépuisable, la chasse s'intensifie. Les proies devenant, au fur et à mesure, plus perspicaces, on doit améliorer les leurres. Sculpteur de decoy devient une véritable profession, qui comporte ses artistes et ses signatures. Les premières fabriques sont lancées avec des publicités de ce style : « *It's duck season, boys !* C'est la saison des canards ! Faites le compte de vos leurres... » Il est vrai qu'un chasseur possède couramment cinq cents decoys. Une compagnie comme Mason Factory, à Detroit, se fait rapidement un nom, même si les chasseurs purs et durs de

CI-DESSUS
Pour caler la porte du cottage, un canard en bois peint qui, comme beaucoup de ces oiseaux décoratifs, n'a sûrement jamais vu l'eau.

Peint à la feuille d'or, ce canard décoratif ferait fuir ses semblables, qui se méfient de tout ce qui sort de leur ordinaire.

à s'envoler par mauvais temps (qui est justement le meilleur pour la chasse !). Ils imaginent alors de les façonner dans du bois. Comme ils ressemblent plus à un billot qu'à un oiseau, on les appelle blocks. Ou encore, stools, d'après l'usage européen qui veut que l'on attache un pigeon à un trépied (stool) pour pigeonner ses semblables ! Le terme *decoy*, dérivé du hollandais (pour duck cage), apparaît dans les années 1800. À la même époque, les premiers duck clubs consacrent la chasse comme un sport et un hobby. Les chasseurs qui façonnent leurs decoys eux-mêmes, en produisent parfois davantage pour les vendre.

la côte Est exigent encore des decoys entièrement faits à la main. Le nouveau sport a tant de succès que la population d'oiseaux décline dangereusement, jusqu'à ce que le Congrès limite le massacre, en interdisant la chasse à but lucratif en 1918. Les fabriques

ferment peu à peu, mais les commandes continuent d'affluer chez les artisans.

Si la scie a remplacé la hache, une fois le corps grossièrement équarri, tout le travail se fait à la main, en une cinquantaine d'étapes. L'artisan commence par choisir le bois. Pour le corps, il utilisera un bois au grain dense, résistant à l'eau (pin ou cyprès), et pour la tête, un bois tendre, plus facile à travailler (tilleul ou acacia). Pour alléger le decoy (il

faut garder à l'esprit qu'un chasseur en emporte une cinquantaine à chaque expédition !) il remplacera une partie du bois par du liège. Corps et tête sont sculptés séparément, puis assemblés. L'oiseau est ensuite lesté d'une sorte de quille qui le maintient en équilibre une fois jeté à l'eau. Un *decoy* renversé, et c'est toute la colonie de migrateurs qui fait demi-tour, suspectant quelque chose d'anormal. Après un ponçage soigné,

Shorebird au bec court, oiseau commun du littoral que chassaient les Indiens. Celui-ci, datant des années 1800, est originaire de la région de Chesapeake Bay.

81

que là, elles sont à l'abri des chasseurs ! Et si elles semblent se laisser abuser facilement par un decoy, aussi grossier soit-il (un bâton fiché dans un morceau de pneu suffit), c'est parce qu'elles sont aussi myopes que curieuses...

Quand les collectionneurs se sont pris d'intérêt pour les decoys, les artisans ont commencé à sculpter des oiseaux purement décoratifs que les spécialistes surnomment les « canards de cirque » (*circus ducks*) à cause de leurs couleurs vives et de leur plumage irisé.

L'OIE DU CANADA OU LE CANARD DU MARYLAND ?

Certains decoys *Early American* sont aussi cotés aujourd'hui que les peintures de la même époque. Les plus anciens, de simples formes de bois badigeonnées de noir, sont souvent les plus expressifs et les plus recherchés. Vers le milieu du XIXe siècle, ils deviennent plus réalistes. Les détails du plumage apparaissent un

Chez les oies, il y en a toujours une qui tient le rôle de la sentinelle. Aux aguets, la tête dressée, elle est chargée de signaler un danger éventuel d'un cri qui sonne comme une trompe, d'où son surnom de honker, klaxon.

le decoy est peint de couleurs mates, car une brillance réfléchirait le soleil et apparaîtrait comme une autre bizarrerie aux canards. Tous les canards ne sont pas futés, loin de là, mais les oies sont extrêmement intelligentes. Ainsi, on en voit des colonies entières se poser sur les bandes de séparation des autoroutes, parce qu'elles savent

DOUBLE PAGE SUIVANTE
Ce canard au poitrail proéminent pourrait provenir du Connecticut, où cette singularité leur permet de tenir le choc face aux blocs de glace qui descendent la Housatonic River au printemps et à l'automne. Face à lui, un shorebird en fer, purement décoratif.

peu plus tard, plus pour séduire le chasseur que l'oiseau, car il n'est pas prouvé qu'un decoy ait besoin d'être ressemblant pour être efficace. On reconnaît la provenance du decoy au type d'oiseau qu'il représente. Ainsi, ceux de Stratford, dans le Connecticut, ont le poitrail proéminent pour garder leur équilibre quand les rivières charrient des blocs de glace. Les *dugout* de l'embouchure de la Delaware, au sud du New Jersey, sont faits de deux pièces de bois creuses pour peser moins dans les embarca-

tions où les chasseurs les entassent par centaines. Dans le Maryland, ceux de Chesapeake Bay leur ressemblent, mais ils sont en bois plein. Autre espèce, aujourd'hui purement décorative, les decoys sur pied (*stick-up decoys*). On en retrouve des prototypes chez les Indiens, qui chassaient ainsi les hérons et autre oiseaux du littoral.

Un véritable marché aux decoys se tient chaque année à Easton, dans le Maryland, la capitale de la chasse aux oies, à l'occasion du

Devant une de ces cheminées montée avec les cailloux du lac et encadrée de fûts de bouleaux, veille une oie du Canada en bois massif des années trente. Elle pèse ses dix à douze livres, comme une vraie. Un bon poids quand on pense que les chasseurs en emportaient plus d'une douzaine à la fois.

NEW YORK STA
TROUT STREA
FISHING HERE MADE POSSIBL
THE COOPERATION OF THE NIAGARA H
COMPANIES. RESPECT THEIR PROP
PUBLIC RIGHTS ARE RESTRICT
FISHING ON DESIGNATED AREA
TRAVEL ALONG THE BANKS. A
TRESPASS ON OTHER LANDS. E
AND LEAVE ONLY AT POINTS INDICA
PREVENT FOREST FI
CONSERVATION DEPARTMENT

Posé sur une table en marqueterie de bouleau comme sur un fond marin, un poisson en bois peint des années 1900, originaire de la région des Adirondacks. Noter la vivacité des couleurs : l'ouïe rouge, les pois jaunes sur le ventre vert absinthe.

Ce leurre des années 1880, au dessin primitif, a tout ce qu'il faut pour être efficace : ses nageoires en fer blanc s'insèrent dans des entailles ménagées dans le bois, tout en restant mobiles dans le courant. Son ventre est lesté d'une plaque de fer pour descendre dans les profondeurs du lac.

Waterfowl Festival, le festival du gibier d'eau. Artisans et antiquaires exposent leurs œuvres, et certains spécimens s'échangent à plus de 20 000 $.

ET L'ESTURGEON DES GRANDS LACS ?

Enfin, il existe des *fish decoys*, les poissons-leurres, une espèce extrêmement prisée. En cuir (rare), en bois, en métal ou en fer blanc, ils sont modelés d'après les poissons-chats,

les esturgeons et autres poissons de la région des Grands Lacs. L'hiver, au-dessus d'un trou découpé dans la glace, le pêcheur construisait une petite hutte, s'y enfermait dans le noir complet, plongeait son decoy dans l'eau et attendait qu'un poisson s'y intéresse.

Aujourd'hui, on les trouve dans ces mêmes régions, chez les brocanteurs, à l'abri dans leur vitrine à trésors, car ils cotent rarement moins de 100 $ et souvent beaucoup plus.

Sur un petit bureau peint en trompe-l'œil, trois poissons-leurres du début du siècle, originaires des lacs du Michigan. Forcer les détails (l'œil rouge en relief de l'un, le « sourire » encadré de rouge de l'autre) était supposé exciter la curiosité des poissons alentour.

La boîte shaker
ou la forme
parfaite

La boîte shaker est à elle seule un concentré du style de vie shaker. Elle a le don de la simplicité, « *the gift to be simple* ». Ses lignes épurées, ses formes lisses, sans arêtes ni fioritures, ses proportions réfléchies (une seule forme, mais tant de tailles et tant d'usages), ses couleurs chaleureuses (oui, les Shakers voyaient la vie en couleurs !) : elle allie le beau à l'utile, la grâce à l'harmonie. Elle est délicate, mais solide. Elle n'a ni charnière ni verrou, mais elle ferme parfaitement ; ni anse ni poignée, mais elle ne vous glisse pas des mains. Elle est « née » Shaker, ce qui sous-entend : ne fais rien qui soit inutile, mais pour ce qui est à la fois nécessaire et utile,

alors n'hésite pas à faire beau. Et il en est ainsi de tout ce que fabriquaient les Shakers : la plinthe, ponctuée de patères, qui court tout autour des pièces, les cabinets à trois cent soixante-neuf tiroirs pour la vie communautaire, les commodes, dont les tiroirs rétrécissent vers le haut de sorte que les plus chargés soient en bas, le miroir de bois (pas plus de 30 centimètres sur 45, pour ne pas

Deux beaux exemples de boîtes authentiques, probablement d'avant 1850, peintes de ce bleu sombre et pourtant vif qu'affectionnaient les Shakers.

PAGE DE GAUCHE
Quand on découvre la sérénité de ces paysages, l'alignement des champs cultivés, les amples vallons, les bosquets et les fermes avec leurs grands silos, on comprend que la culture shaker se soit ancrée ici.

La délicatesse de ces « doigts », qui étaient taillés au couteau et non à la scie, leur parfaite adhérence, la douceur des pointes de cuivre sont, au même titre que la qualité du bois employé *(pin sans nœuds, érable ou cerisier), la marque d'une fabrication soignée.*

encourager la coquetterie), le simple balai de paille, si bien équilibré qu'il tient debout sans appui, les chaises que l'on suspend à l'envers pour éviter que l'assise ne s'empoussière, l'astucieuse pelle à poussière avec couvercle. La propreté semble une obsession, car... « il n'y a pas de poussière au ciel ! » Si l'on n'a pas forcément un meuble shaker chez soi, on a toujours la possibilité de s'offrir une ou plusieurs boîtes shaker. Précisons « de style shaker », car les Shakers appartiennent au passé et leurs productions authentiques figurent aujourd'hui dans les musées et chez

*Certains y verront une
pile de boîtes, d'autres
une sculpture.
Même lorsqu'elles sont
faites, comme celles-ci,
de bois ordinaire,
leur forme parfaite
dessine dans l'espace
un beau volume.*

*Autrefois boîte à
couture, à linge, à outils
ou à épicerie,
ses utilisations n'étaient
limitées que par
la frugalité du mode
de vie des Shakers.*

les collectionneurs. Le style, sinon l'âme, persiste dans ce qui reste de leurs communautés, transformées en villages-musées-ateliers.

À l'origine, la secte est anglaise. En 1774, Mother Ann Lee, sa fondatrice, accompagnée de quelques disciples, quitte Manchester pour le Nouveau Monde, en quête de liberté. Elle fonde les premières communautés à Watervliet et à New Lebanon, au nord de la région de New York, essaime dans le Massachusetts, le Connecticut, le Maine, le New Hampshire et jusqu'au sud, dans le Kentucky. Un siècle plus tard, on compte dix-neuf communautés. De nos jours, elles ne sont plus que deux : Canterbury,

*Deux boîtes Shaker très
anciennes. On y conserve
le mulling, ce mélange
d'épices qui parfument
le cidre que l'on sert
à Thanksgiving.*

91

La forme ovale inspire des décors, comme cette frise de maisons qui rappellent les townhouses des vieux quartiers de Boston ou de Philadelphie.

Bel exemple de Folk Art d'aujourd'hui, cette charmante petite boîte aux couleurs de l'Amérique.

PAGE DE DROITE
Une forme ovale, douce à l'œil, un couvercle, comme une bordure : ces boîtes se prêtent facilement à la décoration. Comme celle-ci, où court une scène de village sous la neige en Nouvelle-Angleterre.

règle qui ne laisse rien dans l'ombre – le théâtre, la politique et les boissons fortes. Le travail est en soi une prière. Il couvre tous les besoins de la communauté et le surplus est vendu au « monde extérieur » où sa qualité, qu'il s'agisse de mobilier ou de compote de pommes, est très appréciée.

Quand on voit le degré de perfection qu'atteint une simple boîte, on imagine difficilement que son artisan exerçait tour à tour tous les métiers nécessaires à la survie de la communauté. L'un des derniers membres de Sabbathday Lake, Delmer Wilson, décédé en 1961, confectionnait des boîtes depuis 1896. Il était aussi photographe, barbier, dentiste, maître d'œuvre, agriculteur et jardinier. Comme tous, il appliquait à plein temps le précepte de Mother Ann : « *Hands to work and hearts to God* », « Mets tes mains au travail et tes pensées en Dieu ». Il fallait un grand amour du travail bien fait pour confectionner ces boîtes à l'ovale parfait, ces joints en forme de doigts, dits « en queue d'hirondelle », qui viennent épouser le bois

dans le New Hampshire, et Sabbathday Lake, dans le Maine. Il semble que la rigueur des principes de vie shaker, très influencés par ceux des Quakers, résistent mal au matérialisme ambiant. On ne naît pas Shaker, on le devient. « Frères » et « sœurs », célibataires, mènent une vie dont tous les « vains amusements » sont bannis, y compris – précise la

La boîte idéale pour les pots-pourris qui y respirent tout en étant à l'abri de la poussière. Celle-ci est en pin ordinaire, badigeonnée de bleu orage, une couleur typiquement shaker.

PAGE DE DROITE
Cette série de boîtes très ordinaires (vendues entre 2 et 10 $ dans les quincailleries), ont été peintes en un après-midi et attendent Noël pour se remplir de cookies maison. Elles feront alors partie de ces dizaines de petits cadeaux que l'on s'échange entre voisins.

comme une caresse. Cette « soudure » tout en souplesse permet au bois de résister aux variations de température. Ce n'est pas une invention des Shakers, mais dans ce cas comme dans d'autres, leur recherche de l'excellence les a conduits à améliorer un procédé existant. Les pointes sont en cuivre plutôt qu'en fer, lequel risque de rouiller et de déteindre sur le bois. La boîte est en cerisier, en pin ou en érable, que l'on assouplit préalablement en le passant à la vapeur. Si la forme est toujours la même, il en existe de nombreuses tailles pour tout ranger, des boutons aux clous, des haricots secs aux affaires de toilette ou à la

lingerie. Le bois est laissé naturel, teinté ou peint de couleurs profondes et denses. Car contrairement à ce que l'on imagine, les Shakers ne s'interdisaient pas les couleurs. Leur palette allait du jaune ocre au rouille, de l'orange au rouge foncé (*barn red*) ou au bleu orage (*muddy blue*). En revanche, ils n'auraient jamais utilisé ces finitions en trompe-l'œil en vogue à l'époque. Déguiser un bois en un autre, plus fin et plus cher, eût été considéré comme une supercherie. C'est encore le souci de la perfection qui les poussait à produire ces boîtes en série : ils étaient ainsi assurés de maintenir une qualité constante.

GRANDEUR ET DÉCADENCE DU STYLE SHAKER

Le style shaker n'a pas toujours été adulé comme il l'est aujourd'hui. À ses débuts au xviiie siècle, alors qu'en ville on se meublait Chippendale, il était assimilé au mobilier des campagnes alentour. L'âge d'or du style shaker n'aura duré que de 1820 à 1850, période de grâce où les formes et les finitions atteignent à la perfection. Dans la seconde moitié du XIXe siècle, le triomphe du style victorien précipite son déclin. Charles Dickens, en visite à New Lebanon en 1842, en critique tous les aspects : les bâtiments lui rappellent de tristes usines anglaises, il trouve le mobilier sinistre, l'alignement de patères lugubre...

Depuis une trentaine d'années, on « découvre » le style shaker avec une passion croissante. Pas un musée américain qui n'ait sa collection. Quant aux Japonais, ils apprécient la pureté de ses lignes.

On a tendance à baptiser « Shaker » toute boîte ovale ou ronde avec un couvercle. Or, très peu le sont, mais on continue à fabriquer « dans le style Shaker », ce qui autorise toutes les déviations. C'est à la finesse de sa soudure que l'on reconnaît la vraie boîte shaker. Pas de ces doigts courtauds et carrés, coupés net, pas de ces pointes grossières, pas de festons. Le couvercle doit s'emboîter sans forcer ; la surface est douce au toucher, sans aspérités, le bois est naturel ou peint de couleurs sourdes. La boîte porte parfois un numéro ou des initiales, puisqu'elle entrait dans un mode de vie communautaire. Un set a plus de valeur que plusieurs boîtes dépareillées et peut coter plus de 1000 $, tandis qu'une boîte de belle qualité fabriquée aujourd'hui ne dépassera pas 100 $. Dépareillées ou d'une même série, isolées ou empilées, elles s'inscrivent dans l'espace comme une sculpture, et sont chez elles partout, sur la bibliothèque comme sur l'étagère de la cuisine, empilées par terre comme rangées devant la fenêtre.

Les bois,
ou les sculptures
de la nature sauvage

Plus de vingt millions de cerfs, de caribous, de wapitis et d'orignaux vivent sur les étendues nord-américaines. En est-il le symbole, cet étrange animal qui a le corps lourd de l'élan, la finesse des traits du chevreuil et la ramure du cerf en pleine maturité ?

PAGE DE DROITE
Il ne faut plus voir, dans ces bois ramassés dans la forêt, le trophée de chasse – qu'ils ne sont pas ! –, mais une sculpture, une œuvre de la nature.

De l'Alaska au Mexique, de la baie d'Hudson au centre du Texas, cerfs et caribous, orignaux et wapitis (les élans d'Amérique) sillonnent, sans souci des frontières, les grands espaces du continent nord-américain. Leurs bois portent en eux le mystère de ces forêts immenses, réserves de vie sauvage extrêmement protégées. Dans le décor américain, ils sont indissociables des meubles rustiques, mosaïque de racines, d'écorces et de rameaux, des aventures de pêche dans les torrents du Yellowstone, des sommets des Grands Tetons couverts de neige en plein mois d'août, des virées en canot sur les eaux noires des lacs, des boîtes d'appâts à ours que l'on trouve dans le moindre *general store* du Wyoming, et des amoncellements de bois d'élan empilés au bord d'une petite route à St Ignatius, dans le Montana.

Alors qu'en Europe l'utilisation de bois de cerf dans la décoration remonte au xve siècle, en Amérique, hormis les trophées, elle n'apparaît qu'au XIXe siècle, à l'époque où, dans les *great camps* – luxueuses cabanes en rondin dont l'aménagement devait tout aux ressources de la forêt environnante –, la haute société s'initiait aux joies de la « vie sauvage ». Aujourd'hui, dans ces régions de montagne encore si peu habitées, on ne

Une magnifique paire de bois d'élan accueille les visiteurs sur le fronton d'un great camp dans les Adirondacks.

PAGE DE DROITE
Trois bois enlacés dessinent une sculpture primitive sur une petite table en branchettes de style twig *(rameau).*

CI-DESSOUS
La ligne gracieuse de ces bois enlacés donne une allure aérienne, à ce guéridon ancien.

peut emprunter une petite route, s'arrêter dans une brocante, sans voir des piles et des caisses de ces bois d'animaux, véritables œuvres d'art de la nature. À Missoula, dans le Montana, *The Rocky Mountain Elk Foundation*, la Fondation pour les élans des Rocheuses, détient le record du nombre de bois d'orignaux trouvés par ses volontaires. « Trouvés », car dans la vie d'un cervidé les bois poussent, tombent et repoussent chaque année. Comme le précise un petit carton à l'entrée de l'hôtel Hyatt à Beaver Creek, dans le Colorado, où trône un immense lustre de ramures entrelacées de plus de trois mètres de haut : « Ces bois ont été récoltés sans nuire le moins du monde à l'animal. »

Antlers, le terme anglais pour bois, vient du latin *anteoculare* : qui est devant les yeux. Cette parure est une affaire de mâles, et prend dans la vie sociale de l'animal valeur de statut (exception faite des caribous, seuls cervidés dont les femelles aussi portent parure). Il faut imaginer ces combats où les deux adversaires, le vainqueur et le vaincu, ont

PAGE SUIVANTE
Ce sont des centaines de bois de cerfs qu'il a fallu rapprocher, soupeser pour former ce miroir. Noter les pointes disposées de façon à ne pas agresser le regard.

les bois si bien emmêlés qu'ils ne peuvent se libérer, et meurent enlacés d'avoir voulu se mesurer.

Des deux sortes d'élans vivant en Amérique, le wapiti a des bois pleins et larges, dessinés comme la crête d'une vague, et l'orignal une ramure à andouillers, comme le cerf. Les bois du caribou tiennent des deux styles. À la fin du printemps, le mâle développe des pivots d'où surgissent vers les mois d'avril ou mai une paire de bois. Ils poussent, couverts d'un velours brun-rouge, membrane richement vascularisée. Si l'été les mâles, plutôt batailleurs de nature, se tiennent tranquilles, c'est qu'ils savent que leurs bois sont encore fragiles. À raison d'un bon centimètre par jour, ils atteignent leur taille définitive au début de l'automne, quand le velours protecteur part en lambeaux. Après la saison des amours, vers le milieu de l'hiver, les bois tombent et le cycle recommence. Au printemps, dès que les huit mille orignaux recensés par la fondation abandonnent leur refuge d'hiver dans le Wyoming et remontent passer l'été sur les hauteurs des Grands Tetons et du Yellowstone, une armée de volontaires, de boy-scouts, de *pickers* (ramasseurs qui travaillent à la commande) partent ratisser la forêt pour collecter les bois.

Il y a de belles et de moins belles années, comme pour les vins, encore que l'écart soit faible, car la beauté des bois dépend en priorité de l'hérédité et, à un degré moindre, de

Un fragment de bois de wapiti, délicatement cranté, souligne l'angle d'un miroir.

Un piano, un vrai ! entièrement habillé d'une mosaïque de rameaux, d'écorces de bouleau, de pommes de pin et de bois de cerfs. Le chandelier : deux sections de bois de cerf font office de bougeoir.

*Du haut de la cheminée,
un wapiti pose un regard
mélancolique sur
les hôtes de ce lodge
dans les Adirondacks.*

DOUBLE PAGE PRÉCÉDENTE
*On devine que la forme
de ces bois a guidé
l'artiste, lui a donné
l'idée de surmonter
cette desserte
d'une sorte d'arche
et d'y plaquer des
poignées qui ressemblent
à des sculptures.*

*Sur ce « bureau
de pêche », cannes
anciennes, moulinets,
pagaies de canoë, bois
de bouleau non écorcé,
glands et pommes de pin,
sans oublier une paire
de bois d'élan et un
paysage de lac peint à
même le bois, composent
une marqueterie
caractéristique du travail
de Barney Bellinger.*

la qualité et de l'abondance de la nourriture. La saison se clôt le troisième dimanche de mai, à Jackson Hole, dans le Wyoming, où se tient une des plus grandes ventes aux enchères de bois.

Barney Bellinger achète ses bois à des pickers, des taxidermistes ou des brocanteurs. Il en a plusieurs centaines, entreposés en permanence dans des caisses (il faut comparer une quarantaine de bois pour assortir une paire) ; d'autres sont suspendus aux murs de son atelier. Parfois, il les prend, les repose, les regarde, puis saisit son carnet et esquisse les lignes d'un bureau, d'un coffre, d'un chandelier, d'un lit... qui prendront forme à partir de ces bois qu'il considère comme des œuvres d'art naturelles. Il aime leurs teintes de bois blanchis, comme fossilisés, aux ambres foncés. Il aime leurs formes et se laisse guider par la courbure

Les bois de cerf viennent souligner la structure de ce bureau, encadrer les montants en bouleau, rapprocher d'une virgule la table et la tablette.

des bois sur laquelle l'œil doit glisser. Les pointes sont redoutables. Selon la façon dont on les place, elles peuvent paraître intimidantes et agressives ou aériennes et gracieuses. Non, il n'y pense pas comme à une substance vivante (bien qu'il s'en dégage une odeur pestilentielle quand on les scie ou les évide), il est amoureux de la forme et de la matière.

DES ŒUVRES D'ART À 10 $

Peut-être parce que l'on a le souvenir, enfant, de trophées de chasse qui vous frôlaient dans des couloirs sombres et glacials, on n'est pas tenté a priori d'entrer chez un taxidermiste ou un brocanteur qui exhibent une pile de bois d'animaux en vrac. Et pourtant, c'est en fouillant dans leurs caisses que l'on s'aperçoit de la beauté sculpturale de l'objet. Dans ces régions de montagne, on paye les bois au poids (environ 10 $ la livre, soit deux jolies petites pièces) ou à la pointe (1 $).

Par chance, les bois ne semblent pas inspirer les fabricants de gadgets et les Trading Post, bazars des régions de montagne, présentent quelques jolis objets (miroir, cadre, chandelier), et surtout d'étonnants meubles qui incorporent des bois d'animaux dans leur mosaïque de rameaux, d'écorce, de branches, de pommes de pin et autres petits trésors des forêts.

Atmosphère... disent les cartes postales d'autrefois

Les Américains envoient cent cartes postales par an, tandis que les Français en expédient à peine sept, quand ils n'oublient pas de les poster !

Ce n'est pas la première fois que l'Amérique développe avec succès une invention venue d'Europe. Quand les Autrichiens inventent la carte postale en 1869, l'Amérique est justement préoccupée de réduire le coût des communications d'un océan à l'autre. À l'époque, le courrier revient cher. La *penny post card* à l'effigie de Lincoln voit le jour en 1873 et s'envole à peine imprimée, tandis qu'en Europe les cartes postales sont encore considérées avec suspicion : et si les domestiques allaient lire notre courrier ? Scandale !

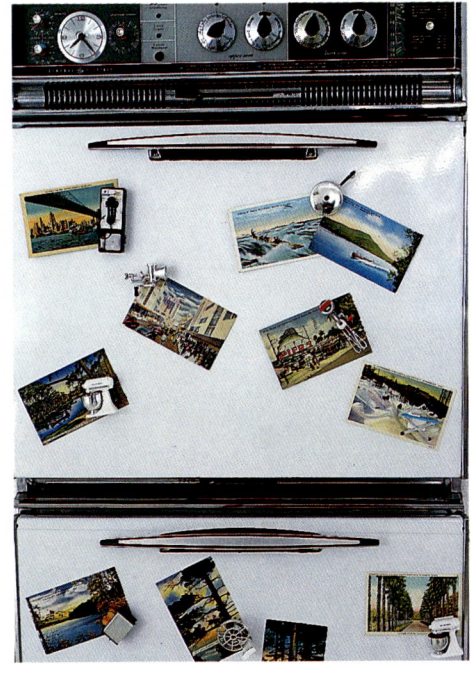

Si les Autrichiens l'ont inventée, les Allemands l'impriment, et leur qualité de reproduction est telle qu'ils prennent les commandes jusqu'en Amérique. Quant aux Français, ils se font une spécialité de cartes postales coquines... Dès les années 1890, on collectionne avec frénésie. En Europe,

Qu'il s'agisse de pièces originales ou de reproductions, on peut rapporter des cartes des années cinquante de tous les coins d'Amérique que l'on a visités.

PAGE DE GAUCHE
Un assortiment de cartes au graphisme caractéristique de l'époque « Roadside America » posées sur une nappe assortie des années cinquante .

toute la société se passionne, des aristocrates aux filles de cuisine. Même la reine Victoria est de la partie ! En Amérique, où l'on vient de supprimer le monopole d'État de leur fabrication, les cartes postales entament une carrière populaire, qui explose avec l'Exposition mondiale de Chicago en 1893. Imaginez, pour un penny, on voyage... enfin, on s'en donne l'impression. Dans l'enthousiasme, on essaie d'autres supports que le papier. Le cuir, le Celluloïd, le bois font

une brève carrière. On tente même de découper des cartes postales dans l'aluminium. Sans succès, car les postiers s'y coupent les doigts ! On les plie en accordéon, on les déroule comme un store vénitien. Raphael Tuck & Sons, une compagnie de New York, édite les premières cartes postales en puzzle, et dans les années vingt apparaissent les premiers clubs de collectionneurs.

Tout a pourtant commencé sagement avec des vues des grandes villes, Washington et New York, et des thèmes patriotiques : *Independance Day*, le drapeau et les présidents. Un diplomate russe s'étonne de ce que George Washington soit considéré « comme une icône ». Son anniversaire, comme celui

Tout est sujet à cartes postales : Thanksgiving comme les présidents américains.
George Washington (ici, à droite) est toujours représenté auréolé de... cerises, qui sont le symbole de l'honnêteté. Roosevelt, lui, était souvent entouré d'oursons souriants, car il aurait sauvé un bébé ours au cours d'une chasse.

CI-CONTRE
Pour garder ses trésors sous les yeux et les renouveler facilement, le présentoir est idéal.

Thanksgiving est peut-être la fête la plus importante dans la vie américaine. Cette dinde au drapeau, en relief, est datée de 1911, d'après le cachet de la poste.

PAGE SUIVANTE
En voyage aux États-Unis, envoyez des cartes postales anciennes ! Dans un general store des Adirondacks, vous pouvez trouver, pour 50 cents, le prix d'une carte ordinaire, tout un lot de Greetings from... Le papier toilé, les tons pastels et les vignettes « en vacances » (balade en canoë, plongeon dans le lac) les datent des années quarante.

d'Abraham Lincoln, est salué chaque année par une nouvelle série de cartes postales. Dès 1900, le développement de la photographie, des transports et du tourisme multiplient les sujets d'intérêt. On engage des photographes qui sillonnent le pays et en particulier les lieux de villégiature. *Hit the Road !* Les Américains prennent la route : « *Wish you were here !* », « *Having a wonderful time !* », écrit-on au dos de « Clair de lune sur le lac Tahoe, » « Le *Breeze Motel* », « Les champs d'ananas de Hawaii », « Les crocodiles des Everglades » ou « Les hortensias de Nantucket ».

On célèbre le nouvel âge de la machine : les ponts, les gares et les premiers gratte-ciel (l'Empire State Building à lui tout seul pourrait faire l'objet d'une collection). Les désastres aussi font recette : San Francisco avant et après le tremblement de terre, le naufrage du Titanic... On apprécie les comics, les sports, les sujets satiriques. On s'échange les pin-up, dont la première du genre, la Gibson Girl, est dessinée par Charles Gibson qui prend pour modèle sa femme, une des superbes sœurs Langhorne. Et puis, il y a la grande famille des *Greetings* qui suit le calendrier chargé des festivités américaines : les cartes postales sentimentales de la Saint-Valentin, les citrouilles et les fantômes de Halloween, les dindes dans tous leurs états pour Thanksgiving et les petits anges de Christmas.

Choisissez-vous un thème. Voici : les pin-up, cinq variations de jolies filles (comparez les poses avec celle des flamants roses !). L'une d'elles est titrée « Bathing Beauties on the Beach ».
Au vu des maillots, nous sommes en 1940.

Pêle-mêle de cartes « Nostalgia », reproductions de la vie de pionnier au XIXe siècle dans la région des lacs.

L'impression est d'une telle qualité que l'on croit être en face d'aquarelles originales. À encadrer.

L'âge d'or durera jusqu'à la Première Guerre mondiale. Les Allemands, occupés ailleurs, cessent d'imprimer pour les Etats-Unis et la qualité s'en ressent. Beaucoup d'éditeurs disparaissent. Quand la carte postale renaît, l'impression est bien encore un peu baveuse, mais les couleurs sont attractives et le papier toilé solide. On célèbre « le grand rêve américain » et il y a tant à montrer à tant de monde que l'on édite par millions d'exemplaires. Ce sont les reliefs de cette fabuleuse production que l'on collectionne aujourd'hui avec bonheur.

VOYAGER À TRAVERS L'AMÉRIQUE POUR 1 OU 3 $.

Pas un antiquaire, un brocanteur, un de ces *general stores* de campagne, pas un *garage sale* de banlieue qui n'ait une boîte à chaussures remplie de cartes postales dont les plus anciennes remontent au tournant du siècle.

Quant aux stocks de cartes vierges des années cinquante, avec leur graphisme spectaculaire et leurs couleurs acidulées, on les trouve même parfois mélangées aux cartes actuelles !

Pour situer et dater approximativement vos

trésors, voici quelques repères : les pion-
nières, de 1893 à 1907, n'ont pas de séparation au dos. On écrit sur l'image qui consiste
en une ou plusieurs vignettes illustrées. Si
timbre il y a, il est à 2 cents, à l'effigie de
Jefferson ou de Grant. De 1907 à 1915, le
dos est divisé en deux parties, message et
adresse. L'image occupe toute la surface et
la photographie commence à supplanter
l'illustration. Benjamin Franklin apparaît
sur le timbre à 1 cent et l'impression est souvent réalisée en Allemagne. De 1915 à 1930,
on passe à une fabrication américaine de
médiocre qualité.

La carte est enca-
drée d'une marge
blanche.

À partir de 1930,
l'encrage est
encore hésitant
mais le papier toilé
a bonne mine et les
couleurs sont appé-
tissantes : c'est le
rêve américain en
Techni-color.

*Comment faire de
ses cartes préférées
des tableaux ?
En imaginant une suite
à l'image ! Une idée
appliquée avec talent
par Lisa Bégin.
Un village sous la neige
pour un joyeux Noël,
et New York de nuit,
sous les lumières
de Times Square.*

COMMENT DÉTECTER LES FAUSSES CARTES ?

Si elles ont été envoyées, le cachet de la
poste fera foi, selon l'expression consacrée.
S'il s'agit d'une reproduction, c'est généra

lement indiqué et elles portent un *copyright*.
Elles sont alors vendues sous le terme « Nostalgia »... et elles sont superbes !

Adirondack chair : le fauteuil avec vue

Ci-contre et page de droite
Prenez un endroit magnifique, en pleine nature... vous avez toutes les chances d'y trouver un fauteuil Adirondack, tourné face à la vue.

Page suivante
Fait du même bois et à la même époque que le cottage devant lequel il est installé, voici un modèle original des années trente.

En rang par douze, ils surveillent les jeux de croquet sur les pelouses de Nouvelle-Angleterre. Solitaires, ils résistent aux embruns sur un ponton de la côte Pacifique. Sous les porches laqués de blanc et les dentelles de bois victoriennes des bed & breakfast de campagne, ils transmettent le message : ici, c'est une bonne maison, accueil et tradition. Deux par deux, devant le lodge, sur la pente douce face au lac, ils parlent de tête-à-tête, de virées en canoë, de parties de pêche à l'aube... Les fauteuils Adirondack sont partout chez eux en Amérique, toujours placés au meilleur endroit, face à la vue. Aussi a-t-on toujours envie de s'y asseoir, avec ou sans livre, avec ou sans compagnie. Ce sont des fauteuils avec vue : le summum du luxe !

Un luxe au demeurant très banal, très abordable, fait du bois le plus simple. Curieusement, le fauteuil Adirondack n'est pas né dans les monts Adirondacks, et on ne sait pas très bien qui l'a

Celui-ci est un Adirondack pour deux. Il y a autant de variantes que d'amateurs, mais les deux secrets de son confort sont toujours respectés : de vastes accoudoirs et une certaine inclinaison du dossier par rapport à celle du siège.

D'allure étonnamment moderne pour ses quelque soixante-dix ans, il est peint de cet épais rouge brun mat qui est la couleur des fermes du Maine jusqu'en Virginie.

inventé. Ce qui est sûr, c'est qu'il n'y a pas plus confortable. La sensation que l'on éprouve en s'y asseyant est unique : on se trouve comme enveloppé, bien calé, soutenu sans être coincé, ni enfoncé, ni tassé. Siège de philosophe, il a le pouvoir de vous remettre les idées à l'endroit. Ses vastes accoudoirs supportent vos coudes avec confort et sont un refuge sûr pour livres, tasse de thé ou point de croix... tout ce avec quoi vous êtes venu vous installer. La nuit tombe, vous rentrez, il passe la nuit dehors. Le vent sur lui n'a pas de prise, et pluie après pluie, son bois devient plus doux. Bien que solidement campé, il n'a pas l'air pataud et il est beaucoup plus léger qu'on ne l'imagine. On l'a trouvé confortable bien avant de lui trouver du style. Dans la maison de famille, la cabane en rondin ou l'auberge d'à côté, sa présence si familière ne se remarquait pas. Il faisait partie des meubles et on ne l'aurait jamais mis à l'intérieur. Depuis

Ce fauteuil est devenu un tel symbole (du cottage familial, des vacances, des vertes pelouses…), que l'on en fait des versions… symboliques !

Les lignes strictes du fauteuil Adirondack s'adaptent à tous les styles. Régulièrement, boutiques et catalogues en éditent des versions différentes. Ici, blanc lavé et bleu d'été pour un esprit bord de mer.

une dizaine d'années, il est aussi bien dehors que dedans, où il apporte une note rustique et authentique. Dans un environnement contemporain, un espace en ville, un loft, il apparaît comme une œuvre primitive, habitée par les esprits de la forêt…

Le fauteuil Adirondack est dérivé du Westport Chair qui, lui, est bien né dans les Adirondacks, au tout début du siècle, à Westport, sur le lac Champlain, dans le nord de l'État de New York. C'est alors un solide fauteuil aux proportions amples, fait de larges planches. Il a déjà ces accoudoirs, larges comme des tablettes, et cette fameuse inclinaison du siège par rapport au dossier qui sont le secret de son confort et seront repris pour le modèle Adirondack. Dans son livre Adirondack Furniture, Craig Gilborn raconte l'origine du Westport : un esprit original s'étant lancé dans la construction d'un fauteuil pour son cottage d'été, toute la famille dut s'asseoir à tour de rôle pour tester l'inclinaison du dossier et celle du siège, jusqu'à ce que l'on se mette d'accord sur l'angle idéal ! Du jour où quelqu'un, dans les années vingt, eut l'idée d'utiliser des lames de bois espacées plutôt que des planches massives, le Westport s'est appelé Adirondack et ses qualités ont conquis l'Amérique.

POUR FAIRE PARTIE DU CLUB.

L'essayer, c'est l'adopter ! Pour faire partie du club, on peut le commander sur catalogue ou l'acheter sur place, dans les Adirondacks (les petits ateliers ont souvent leur éventaire sur le bord de la route) et dans les états voisins, du Maine au Vermont.

Le modèle de base est en pin avec vis. Il vaut à peine 30 $ et résistera à tous les traitements une bonne vingtaine d'années.

La « Rolls » des fauteuils Adirondack est en teck ou autre bois imputrescible. Il ne comporte aucune pièce de métal, tout est chevillé en bois, ce qui le rend encore plus beau et plus solide. Il peut coûter 500 $, est garanti cent ans (*sic* !), et se transmet de génération en génération.

Vous pouvez aussi choisir un modèle dans un des nombreux livres de meubles rustiques à faire soi-même et vous lancer (ou lancer votre menuisier) sur le projet. Autrefois, il était souvent peint en rouge foncé.

Sur un de ces pontons de bois que l'on voit aussi bien à la campagne qu'au bord de la mer, un Adirondack accueillant aux formes généreuses, peint d'un bleu-gris assorti aux ciels tourmentés des côtes atlantiques.

Les Adirondack, comme les amoureux, vont souvent par deux. Notez la beauté des lignes et la découpe en forme de petit sapin.

Marron et vert sont aussi de bonnes couleurs pour la campagne. Blanc et bleu gris vont bien au bord de la mer. On peut le préférer naturel, surtout si le bois est beau ; il prendra un beau ton de gris en quelques saisons. Dehors toute l'année, il est inscrit dans le paysage.

LE CARNET D'ADRESSES

POUR EN SAVOIR PLUS SUR L'AMERICAN WAY OF LIFE

Les musées

• **MUSEUM OF AMERICAN FOLK ART**
Columbus Avenue entre la 65 et la
66ᵉ rue, New York. Tél. : (212) 595 9533.
Si vous ne devez voir qu'un musée...

• **ABBY ALDRICH ROCKEFELLER FOLK ART CENTER**
Colonial Williamsburg Foundation,
Williamsburg, Virginie.
Tél. : (804) 229 1000.
Belle collection de Folk Art et bonne
bibliothèque.

• **ACADIAN VILLAGE**
Rte 3, Lafayette, Louisiane.
Tél. : (318) 981 2489.
La vie pastorale au XIXᵉ siècle, dans un
village restauré.

Les livres

• *American Country Stores*, par B. Roberts
& R. Jones, The Globe Pequot Press.
À travers une douzaine de Country
Stores, l'âme de ces merveilleux magasins
de campagne où l'on trouve un peu de
tout. Une espèce en voie de disparition.
Chacun mérite un détour.

• *American Family Style*, par Mary
Randolph Carter, Viking Studio Books.
« Decorating, Cooking, Gardening,
Entertaining », à travers les quatre
saisons dans une charmante famille
américaine de la côte est.

• *American Junk*, par Mary Randolph
Carter, Viking Studio Books.
Tous les secrets de la chasse au junk (le
bric-à-brac) et comment mettre en scène les
trésors que l'on peut trouver. Original et
décapant.

• *Details*, Mary Emmerling's American
Country, Clarkson & Potter.
Un déjà grand classique en petit format
des éléments de notre environnement
quotidien, de B comme Basket à
W comme Window.

• *How to Decorate*, The Best of Martha
Stewart Living, Oxmoor House.
Dans le style clair et limpide de Martha
Stewart, couleurs, confort, lumières,
sols... les basiques de notre
environnement sont passés en revue.

• *Mary Emmerling's New Country
Collecting*, par Mary Emmerling,
Clarkson & Potter.
Dans un tour d'horizon éclectique, le
nouveau Mary Emmerling nous fait
partager les joies du collectionneur de
Folk Art. Sympathique et chaleureux
comme tous ses livres.

• *New York Style*, photographié par
Gilles de Chabaneix, Clarkson & Potter.
Un tour d'horizon des différents styles de
vie à travers les maisons de campagne et
de bord de mer de l'état de New York.

• *Pure Style*, par Jane Cumberbatch,
Stewart, Tabori & Chang.
Dans une mise en page épurée et
sensuelle sont passés en revue les
éléments de notre quotidien. Un brin
superficiel en tant que guide mais bon
pour l'inspiration.

• *Seasons*, at Seven Gates Farm, collectif,
par Country Living, Hearst Books.
Les quatre saisons rythment la vie dans
cette ancienne ferme du Maryland,
habitée par deux artistes. Jardinage,
travaux manuels, conserves
traditionnelles et fêtes, expliqués avec
charme.

• *The Country Store*, par Stephanie
Donaldson, Lorenz Books.

« Traditional Food, Country Crafts,
Natural Decorations », le tout joliment
raconté.

• *Traditional Country Style*, par
Elizabeth Wilhide, Universe.
Classic Country Style, par Mary Trewby,
Bulfinch.

• *Folk Art, Style and Design*, par S.&S.
Walton, Sterling.
Trois ouvrages plein d'idées et de projets
expliqués sur l'esprit Country et le Folk
Art.

• *Zona Home*, par Louis Sagar, Harper
Collins.
Le fondateur de la fameuse boutique
Zona de New York nous donne ses
« Essential Designs for Living ». Un
point de vue sur la décoration original et
en dehors des modes.

• *Martha Stewart Living*, magazine
mensuel (en kiosque).
Art de vivre et décoration dans l'esprit
lumineux et sophistiqué de Martha
Stewart.

OÙ TROUVER CES OBJETS DE CHARME ?

Les boutiques de charme
Il s'agit d'un concept typiquement
américain : une boutique qui mêle
antiquités, brocante, curiosités, livres,
décoration et rééditions dans une mise en
scène pleine de charme et d'inspiration.
(Nous nous sommes concentrés sur
New York, sinon ce chapitre aurait dévoré
toutes les pages du livre !)

• **A.B.C.**
888 Broadway, New York.
Tél. (212) 473 30 00

• **FELISSIMO**
10 West 56 Street, New York.
Tél. (212) 247 56 56

• **TREILLAGE**
420 East 75 Street, New York.
Tél. (212) 535 22 88

• **TERRA VERDE TRADING CO.**
120 Wooster Street, New York.
Tél. (212) 925 45 33

• **U.S.E.D.**
17, Perry Street, New York.
Tél. (212) 627 07 30

• **SAMMY'S**
484 Broome Street, New York.
Tél. (212) 343 23 57

• **WOLFMAN, GOLD & GOOD**
116 Greene Street, New York.
Tél. (212) 431 18 88

• **ZONA**
97 Greene Street, New York.
Tél. (212) 925 67 50

• **BOUTIQUES DU MUSÉE DU FOLK ART.**
Deux adresses à New York : Columbus
Avenue 66 Street (à côté du musée).
Tél. : (212) 496 2966. Et 62 West
50 Street (Rockefeller Center).
Tél. : (212) 247 5611.
Celles-ci ne sont pas particulièrement
douées pour la mise en scène, mais
recèlent nombre de trésors.

Les catalogues

Toute l'Amérique achète sur catalogue.
Ceux-ci présentent, entre autres, certains
des objets dont parle ce livre (attention,
le choix peut varier d'une édition à
l'autre).
Appel gratuit pour les numéros
commençant par 800 (valable uniquement
aux États-Unis).

• **POTTERY BARN**
Tél. : (800) 922 5507. Fax : (415) 421 5153.
Quilts et maisons d'oiseaux. Boîtes de
style Shaker.

• **CRATE & BARREL**
Tél. : (800) 323 5461. Fax : (847) 215 0482.
Couronnes, maisons d'oiseaux, fauteuils
Adirondacks en ornements de Noël,
accessoires sur le thème drapeau (pour le
4 juillet).

• **CHAMBERS**
Tél. : (800) 334 9790. Fax : (415) 421 5153.
Quilts, linge de maison Country Style.

• **WHISPERING PINES**
Tél : (800) 836 4662. Fax : (914) 359 0717.
Decoys, girouettes, objets de style
Adirondack, réédition de nappes des
années 1950 et de cartes postales.

• **SMITH & HAWKEN**
Tél. : (800) 981 9888. Fax : (606) 727 1166.
Couronnes, maisons d'oiseaux, fauteuils
Adirondack, girouettes.

• **GARDENER'S EDEN**
Tél. : (800) 822 9600. Fax : (415) 421 5153.
Fauteuils Adirondack, maisons d'oiseaux,
couronnes.

• **WILLIAMS-SONOMA**
Tél. : (800) 541 2233. Fax : (415) 421 5153.
Couronnes aromatiques, rééditions de
nappes rétro, linge de cuisine à carreaux.

Boutiques et catalogues sont une source
sûre, mais le bonheur avec ces objets,
qu'ils datent d'hier ou d'aujourd'hui, c'est
de les découvrir au hasard de cet
immense marché ouvert qu'est
l'Amérique et dont voici les clefs.

Les antiquaires

Passé vingt ans d'âge, tout objet s'appelle
antique, avec un « i » long comme ses
prix ! Entre antiquaire et brocanteur, la
frontière est floue (la preuve en est
l'excellent « Ruby Beets » à
Bridgehampton, ou le « Sage Street
Antiques » à Sag Harbor, tous deux dans
les Hamptons), et l'on trouve toujours
quelques cartons à trésors au fond de la
boutique la plus huppée. Les antiquités
de valeur se trouvent chez les Fine
Antiques, où il peut toutefois arriver
qu'elles voisinent avec les pires copies !

Les marchés aux puces

L'Amérique possède près de mille
marchés aux puces, sans compter les
marchés « sauvages », non inscrits au
calendrier !
Il s'agit de grands rendez-vous, très
courus des professionnels comme des
amateurs. En voici quelques-uns parmi
les plus cotés.

• **BRIMFIELD ANTIQUE AND
COLLECTIBLES SHOW.**
Route 20, Brimfield, Massachusetts.
Tél. : (413) 245 9329.
Mai, juillet, septembre.

• **FARMINGTON ANTIQUES WEEK-END**
Farmington Polo, Farmington,
Connecticut. Tél. : (508) 839 9735.
Juin et week-end de Labor Day.

• **HEART OF COUNTRY ANTIQUE SHOW**
Opryland Hotel, Nashville, Tennessee.
Tél. : (314) 862 1091.
Février et octobre.

• **ADIRONDACKS ANTIQUES SHOW**
The Adirondack Museum, Blue Mountain
Lake, New York. Tél. : (518) 352 7311.
Septembre.

• **AMERICAN FOLK ART SHOW**
Park Avenue Armory, New York City.
Tél. : (212) 777 5218.
Dernière semaine de septembre.

• **MARCHÉ AUX PUCES DE NEW YORK**
25 Street et 6 avenue, New York City.
Tél. : (212) 243 5343.
Tous les samedis et dimanches.

Les *garage sale*

Ce sont les marchés aux puces privés. En
week-end, toute l'année, par beau temps,
avec un pic aux changements de saison
quand on fait le grand ménage de la cave
au grenier, on met dehors (devant son
garage, d'où le terme) tout ce dont on
veut se débarrasser. On balise le quartier
d'affichettes multicolores et on on attend
avec un sac de monnaie et des
sandwiches. Les prix sont dérisoires et
vous pouvez toujours faire une contre-
offre. Les *garage sale* ressemblent à leur
quartier. Dans les Hamptons, ils seront
plus chics et plus chers que dans une
morne banlieue. Mais dans une morne
banlieue ou au fin fond de la campagne,
où les modes n'ont pas pénétré, vous
pourrez dénicher pour rien ce qui ailleurs
serait qualifié de trésor !
Les meilleures affaires se font dans les
ventes de charité des églises et des
écoles (qui sont affichées sur la route,
comme les autres). En effet, tout provient
de dons et les gentilles mamies bénévoles

qui fixent les prix ne sont pas très au courant des tendances !

Ce bric-à-brac sauvé du rebut qui, grâce à vous, entame une nouvelle vie, a un nom : le junk, et a même donné naissance au Junk Style, très prisé des stylistes.

Les *country fairs*

Ces foires artisanales de campagne cumulent le pire et le meilleur, surtout le pire... mais on peut toujours tomber sur un trésor !

Sur le terrain de base-ball municipal, par un beau week-end d'été, une dizaine à une cinquantaine d'exposants installent leurs éventaires pour la journée. À côté de toute une production de *crafts* de goût douteux, on peut avoir la chance de trouver l'artisan de talent qui apporte son lot de decoys, ses maisons d'oiseaux ou ses quilts...

Les country fairs sont annoncées dans le journal local et chez les commerçants.

Les *general stores* et les *hardware*

Mon premier est au milieu du village ou isolé à un croisement de routes. À côté de la pompe à essence, entre l'épicerie, le comptoir à sandwiches, le freezer et les cannes à pêche, il vend un peu de tout : brocante, cartes postales anciennes et produits de l'artisanat local.

Quant au *hardware*, c'est une institution : aux États-Unis, les quincailliers traditionnels sont loin d'être en déclin ! Tous les *hardware*, hormis les chaînes, ne sont pas achalandés de la même façon. Selon la région, on pourra ainsi y trouver : des girouettes, des objets en bois rustiques, des tissus country, des boîtes de style Shaker, des maisons d'oiseaux... et toujours, le drapeau américain.

Les *workshops*

Vous pouvez aussi apprendre à faire vous-même un quilt, une maison d'oiseaux, un fauteuil Adirondack... L'Amérique adore apprendre, et l'été s'ouvrent toutes sortes d'ateliers, les *workshops*. En général, ces *workshops* sont installés dans de beaux endroits, souvent des campus d'université, en pleine nature. L'atmosphère y est bon enfant, la vie communautaire, le confort parfois rudimentaire. C'est aussi une formidable occasion de rencontrer des Américains venus d'horizons très différents. On vient pour un, deux, trois jours, une ou plusieurs semaines s'initier à toutes sortes d'activités.

Voici quelques *workshops* spécialisés dans le Folk Art traditionnel.

- **FOLK ART INSTITUTE DE NEW YORK**
61 West 62 Street, New York.
Tél. : (212) 977 7179.
C'est le plus accessible. Les sessions ont lieu quelques heures sur plusieurs jours ou par journée entière sur un sujet. On y apprend tout : de l'art du trompe-l'œil à celui d'assembler un quilt.

- **SAGAMORE LODGE**
P.O.Box 146, Raquette Lake, New York 13436. Tél. : (315) 354 5311.
Dans un ancien *Great Camp* des Adirondacks, une vingtaine d'ateliers où l'on apprend à fabriquer les objets de la vie quotidienne au XIXe siècle et les meubles de style Adirondack.

- **AUGUSTA HERITAGE ARTS WORKSHOP**
Davis and Elkins College, Elkins, West Virginia 26241. Tél. : (304) 636 1903.
Plus de 85 ateliers d'été. Folklore et *craft* traditionnel.

- **APPALACHIAN CENTER FOR CRAFTS**
Tennessee Technological University, Route 3, Box 347 A-1, Smithville, Tennessee 38505. Tél. : (615) 597 6801.
Cours d'art et de *craft* sur le campus.

- **PENLAND SCHOOL**
Penland, North Carolina 28765.
Tél. : (704) 765 2359.
Sessions d'une semaine à deux mois sur un immense campus.

À VISITER, À ACHETER, À LIRE

Couronnes

- **HOLD EVERYTHING**
Des magasins (adresses au 800 421 2285) et un catalogue (tél. : 800 421 2264) où l'on trouve des crochets pour suspendre les couronnes et des boîtes géantes pour les garder.

- *Wreaths*, par Richard Kollath, Houghton Mifflin. Des idées de couronnes pour toutes les saisons.
- *Great American Wreath*, The Best of Martha Stewart Living, Oxmoor House. Une couronne pour chaque État américain, soit cinquante-deux idées à réaliser.

Girouettes

- **WIND & WEATHER**
Tél. : (800) 922 9463.
Une vingtaine de modèles de girouettes dans ce catalogue.
- *The Art of Weathervane*, par Steve Miller, Schiffer, Ltd. L'histoire des girouettes en Amérique.

Maisons d'oiseaux

- *The Bird House Book*, Sterling, New York. Trente maisons à construire, des plus classiques aux plus extravagantes : la Frank Lloyd « Flight », un motel de Floride rose et bleu, le Parthénon...
- *Birdhouses*, Storey Publishing Book. Cottages, églises, townhouses... vingt projets plus classiques.

Quilts

Un sujet sur lequel les livres abondent, notamment à la boutique du musée du Folk Art où ils occupent un rayon complet à côté des quilts, tableaux, calendrier, agenda, papier cadeau, albums de cartes postales détachables et autres trésors sur le thème du quilt. En voici une petite sélection.

- *Glorious American Quilts, The Quilt Collection of the Museum of American Folk Art*, par E. Warren et S. Eisenstat, Penguin Studio.
- *New York Beauties. Quilts from the Empire State*, par J. M. Atkins et P. A. Tepper, Dutton Studio Books N. Y., le très beau catalogue de l'exposition du même nom qui eut lieu en 1992.
- *The American Quilt, a History of Cloth and Comfort 1750-1950*, par Roderick Kiracofe, Clarkson Potter. Bel album abondamment illustré.

• *The American Quilt Story*, par S. Jenkins et L. Seward, Wings Books N. Y. L'histoire du quilt américain et une trentaine de modèles très bien expliqués, représentatifs de toutes les époques.

• *Amish, The Art of the Quilt*, par Robert Hughes, Knopf, Callaway N. Y.. Reproduction de quatre-vingt-deux magnifiques quilts Amish.

• *The Classic American Quilt Collection*, série d'albums pratiques, chacun sur un motif (panier, anneaux...) avec une douzaine de modèles par album (Rodale Press, 33 East Minor Street, Emmaus, Pennsylvanie 18098).

• *Quilts! Quilts! Quilts! The Complete Guide To Quiltmaking*, par D. Mc Clun et L. Nownes, The Quilt Digest Press NTC. Tout savoir pour tout réaliser, du choix des couleurs à l'assemblage des pièces et une trentaine de jolis modèles. Très complet (mais les mesures sont, bien sûr, en inches...)

Chaises miniatures
• **MOMA STORE**
44 West 53 Street, New York.
Tél. (212) 708 98 88
La boutique du Musée d'art moderne de New York présente la collection de chaises d'architecte en miniature Vitra Design et édite un irrésistible chair calendar, calendrier illustré de mini-sièges célèbres.
• *Chairmania: fantastic miniatures*, par G. Beylerian, Abrams.

Tissus country style
• **SHELBURNE MUSEUM**
(spécialement Stone Cottage et Dutton House), Shelburne, Vermont.
• **OLD STURBRIDGE VILLAGE**
(Fenno House), Sturbridge, Massachusetts. Tél. (508) 347 33 62
Deux musées où l'on peut voir ces textiles mis en scène dans des cottages d'époque.
• **COTTON PICKIN' COUNTRY FAIR**
À Gay, en Géorgie, les premiers week-ends de mai et d'octobre. Tél. (706) 538 60 97
• **ROSEBRAND TEXTILES**
517 West 35th Street, New York.

Tél. (212) 594 74 24
Pour trouver le fameux ticking.
• **FISH EDDY**
Deux adresses à New York, dont le 889 Broadway. Tél. (212) 420 90 20
Pas de tissus, mais la vaisselle des années 1950 qui va avec, dans une mise en scène exceptionnelle.
• *Over 1000 Ways to Decorate your Home with Fabric*, par Katrin Cargill, Bulfinch Press. Mille projets, exclusivement ou presque sur des tissus à carreaux, ce livre très country style est... anglais.

Decoys
• **NORTH AMERICAN WILDFOWL ART MUSEUM**
6556 South Salisbury Bd, Salisbury Maryland. Tél. : (800) 742 4988.
L'art du decoy, des Indiens à nos jours.
• **SHELBURNE MUSEUM**
Shelburne, Vermont. Tél. (802) 985 33 46
Le musée abrite une belle collection de decoys.
• **WATERFOWL FESTIVAL**
Easton, Maryland. Tél. (410) 822 46 06
La grande exposition annuelle de decoys anciens et modernes, le deuxième week-end de novembre.
• **HAVRE DE GRACE DECOY MUSEUM**
Foot of Giles Street, Havre de Grace, Maryland. Tél. : (301) 939 3739/3833.
Musée et atelier d'artisanat.
• **FESTIVAL DE DECOY DE HAVRE DE GRACE**
Le premier week-end de mai (renseignements au musée).

Boîtes Shaker
• **SHAKER MUSEUM**
88 Shaker Museum Road, Old Chatham, New York. Tél. : (518) 794 9100.
Belle collection de mobilier, outils, textiles, objets et bien sûr, boîtes Shaker. Boutique.
• **HANCOCK SHAKER MUSEUM**
Hancock, Massachusetts.
Tél. (414) 44 301 88

• **CANTERBURY SHAKER VILLAGE**
Canterbury, New Hampshire.
Tél. : (603) 783 9511.
Authentique communauté Shaker, fondée en 1780. Vingt-trois bâtiments parfaitement conservés, ateliers en activité et boutique.
• **SHAKER VILLAGE OF PLEASANT HILL**
Rte 3. Harrisburg, Kentucky.
Tél. : (606) 734 5411.
Village Shaker du XIXᵉ siècle restauré.
• **SHAKER WORKSHOPS**
18 Mill Lane Arlington Heights, Massachusetts. Tél. : (800) 840 9121.
Fax : (508) 827 6554. Atelier : Box 1028. Concord, Massachusetts 101742.
Tél. : (617) 646 8985.
Catalogue de meubles et objets de style Shaker.
• *Shaker : Life, Work and Art*, par June Sprigg et David Larkin, Houghton Mifflin, Boston. La bible du style Shaker.

Bois d'animaux et meubles Adirondack
• **MUSÉE DES ADIRONDACKS**
rtes 28/30, Blue Mountain Lake, New York. Tél. : (518) 352 7311.
Vingt-deux bâtiments thématiques, avec mobilier d'origine, collection de canots anciens, gravures et peintures, regroupés comme un camp en face de Blue Mountain Lake. Excellente librairie.
• **RUSTIC FURNITURE FAIR**
Le musée des Adirondacks (voir adresse précédente) organise chaque année, en septembre, une semaine d'ateliers de construction de meubles rustiques, animés par les meilleurs artisans.
• **SAMPSON BOG STUDIO**
L'atelier de Barney et Susan Bellinger, 171 Paradise Point, Mayfield, New York 12117. Tél. : (518) 661 6563.
Sûrement les plus beaux meubles Adirondack. Réalisation de projets sur mesure (de 800 à 25 000 $).
• **CUSTOM ANTLER FURNITURE**
St Ignatius, Montana. Tél. : (406) 745 4504.
Shane Norton, taxidermiste, vend aussi des bois au poids (environ 10 $ la livre).
• *Great Camps of the Adirondacks*, par Harvey H. Kayser, David R. Godine, Boston.

La fabuleuse aventure des grandes familles à la découverte de la vie de pionnier dans la seconde moitié du XIXᵉ siècle.

• *Durant : The Fortunes and Woodland Camps of a Family in the Adirondacks*, par Craig Gilborn, musée des Adirondacks.
L'épopée du premier bâtisseur de camps.
• *Camp Chronicles*. Charmant petit recueil de notes sur la vie dans les camps à la fin du siècle dernier, également édité par le musée.

Cartes postales anciennes

• **RICHARD NADEAU, MOOSE RIVER TRADING COMPANY**
Thendara, rte 28. New York.
Tél. (315) 369 6091.
Réédition de cartes postales anciennes de la région des Adirondacks.

• **ORIGINAL ANTIQUE POSTCARD**
39-A Brandywyne, Brielle, New Jersey 08730. Tél. (908) 223 4415.
Lisa Bégin peint de charmants petits tableaux à partir de cartes anciennes (environ 75 $).
• *Hitting The Road*, Chronicle Books. Un album qui retrace l'atmosphère « roadside America » à travers ses cartes routières dont le graphisme rappelle celui des cartes postales touristiques de l'époque.

Fauteuils Adirondack

• **WITH PIPE AND BOOK**
91 Main Street, Lake Placid, New York.
Tél. (518) 523 9096.
Excellente librairie. Grand choix d'ouvrages sur les meubles et fauteuils Adirondack « à faire soi-même ».

Pour acheter un fauteuil Adirondack, assemblé ou démonté.

• **THE PINE PLANK**
Tél. (518) 644 9420.

• **MOUNTAIN MEDLEY**
Tél. (518) 624 4999.

• **ADIRONDACK WOOD FURNISHINGS**
Tél. (518) 483 0878.

• **EXPOSITION-VENTE DU MUSÉE DES ADIRONDACKS**
En septembre. Tél. (518) 352 7311.
• *Adirondacks Furniture and the Rustic Tradition*, par Craig Gilborn, Abrams New York. La bible de ceux qui s'intéressent au style Adirondacks.

OÙ TROUVER CES OBJETS EN FRANCE ?

Pour recréer le charmes des maisons américaines en France, voici quelques adresses qui importent ce style d'objets ou s'inspirent des traditions américaines pour certaines de leurs créations.

• **LE PATCHWORK DU ROUVRAY**
1, rue Frédéric-Sauton 75005 Paris
Tél. 01 43 25 00 45

• **TERRITOIRE**
30, rue Boissy d'Anglas 75008 Paris
Tél. 01 42 66 22 13

• **OLARIA**
114, rue de la Tour 75116 Paris
Tél. 01 45 04 18 87

• **FLORENT MONESTIER**
47 bis, avenue Bosquet 75007 Paris
Tél. 01 45 55 03 01

• **MAISON DE FAMILLE**
10, place de la Madeleine 75008 Paris
Tél. 01 53 45 82 00

• **LES MILLE FEUILLES**
2, rue Rambuteau 75003 Paris
Tél. 01 42 78 32 93

• **MIS EN DEMEURE**
27, rue du Cherche-Midi 75006 Paris
Tél. 01 45 48 83 35

• **THE CONRAN SHOP**
117, rue du Bac 75007 Paris
Tél. 01 42 84 10 01

• **LE CÈDRE ROUGE**
Chaussée de la Muette
1, bd Émile Augier 75116 Paris
Tél. 01 45 24 62 62

• **JARDINS IMAGINAIRES**
9 bis, rue d'Assas 75006 Paris
Tél. 01 42 22 88 02

• **LOU FAGOTIN**
Les Moulins
23290 Saint-Pierre-de-Fursac
Tél. 05 55 63 62 18

• **VERT VOUS**
91, bd Raspail
75006 Paris
Tél. 01 45 48 97 41

• **NATURE ET DÉCOUVERTES**
Carrousel du Louvre
75001 Paris
Tél. 01 47 03 47 43

• **LA BOUTIQUE AUX OISEAUX**
51, rue Laugier
75017 Paris
Tél. 01 42 67 04 03

• **DESPALLES**
26, rue Boissy d'Anglas
75008 Paris
Tél. 01 49 24 05 65

• **ROCHE BOBOIS**
Collection « Racines »
213 bis, bd Saint-Germain
75006 Paris
Tél. 01 45 48 33 42

• **TECTONA**
3, avenue de Breteuil
75007 Paris
Tél. 01 47 35 70 70

• **PACIFIC COMPAGNIE**
12 bis et 18, avenue Mac Mahon
75017 Paris
Tél. 01 44 09 85 55

• **DESIGNERS GUILD**
10, rue Saint-Nicolas
75012 Paris
Tél. 01 44 67 80 70

• **CÉLIMÈNE POMPON**
41, rue du Cherche-Midi
75006 Paris
Tél. 01 45 44 53 95

• **TOPIC**
6, route de Boulancourt
77760 Fromont
Tél. 01 64 24 00 83

REMERCIEMENTS

Merci à tous ceux que nous avons rencontrés en préparant ce livre : ceux qui nous ont ouvert leur carnet d'adresses (merci Kitty et Ted Kruckel !) et sont allés jusqu'à nous prêter leur maison, leurs collections et leurs trésors (merci Pamela et Peter McBride ! merci Richard Kollath ! merci Rubens Teles !), leurs fragiles quilts (merci Joanne van Lenten !), leurs précieuses girouettes (merci Paulette et Jack Ramsey !), jusqu'à réaliser toutes nos couronnes (merci Richard !), nous faire partager leurs talents (merci Meg et Pam !), leurs souvenirs (merci Roy Fagan !), leur vie et leur *lodge* (merci Kathryn Kincannon !). Et un grand merci à Elisabeth Lefebvre, qui m'a donné l'occasion de faire mes premiers pas dans la déco.

CRÉDITS PHOTOGRAPHIQUES

Merci à Art Streiber,
qui a eu la gentillesse de nous confier une photo de girouette (page 18).

• Les couronnes ont été réalisées par Richard Kollath (pages 8 à 17).
Kollath – McCann, Creative Services, Inc. RD1 Box 436, Spillway Road,
West Hurley, New York 12491. Tél. et fax : (914) 331 9086.
• La girouette décorative « poisson » (page 29) provient de la boutique Junk, à Ridgewood, N. J.
Tél. : (201) 444 6464.
• Les photos des pages 47 et 49 ont été prises à l'Osceola Mill House.
• Le guéridon aux bois d'élan (page 100) provient de Frank Swim Antiques, Hudson, N. Y., Tél. : (518)
822 0411.
• le buffet de style Adirondack (pages 104-105) est signé Jim Howard,
de Long Lake, N. Y. et coûte 3 200 $. Renseignements au Lake Placid Lodge, Tél. : (518) 523 2700.
• Le bureau (page 106), le miroir (pages 102-103) et le chandelier (page 103) en bois animaux sont
signés George Jacques, de Keene Valley, N. Y., Tél. : (518) 576 2214.
• Le « bureau de pêche » (page 106) de Barney Bellinger provient de son studio de Mayfield, N. Y.
Tél. (518) 661 6563
• Les tableaux imaginés à partir de cartes postales (page 115)
sont une création originale de Lisa Bégin. Tél. : (908) 223 4415
• Le fauteuil Adirondack bleu et les coussins réalisés dans des tissus fleuris-fruités des années
cinquante (pages 71 et 121), viennent de Aubrey Flowers, à Piermont, N.Y. Tél. : (914) 359 1411.
• Une partie des photographies des chapitres bois d'animaux, decoys et fauteuils Adirondack
ont été prises dans deux lieux exceptionnels,
deux *great camps* des Adirondacks, aujourd'hui transformés en hôtels :
le Lake Placid Lodge, où Kathryn Kincannon fait revivre avec talent l'atmosphère de la vie d'autrefois
au bord du lac Placid. Whiteface Inn Road, P.O. Box 550. Lake Placid,
New York 12946. Tél. : (518) 523 2700. Fax : (518) 523 1124.
Le Point, Relais & Châteaux, autrefois Camp de la famille Rockefeller, construit dans les années trente
sur une presqu'île du lac Saranac. Tél. : (518) 891 5674. Fax : (518) 891 1152.

RESPONSABLE ÉDITORIAL
Philippe Pierrelée
ASSISTÉ DE
Cécile Degorce

MAQUETTE
Étienne Hénocq

Photogravure AZER, à Paris
Imprimé en Espagne par GRAFICAS ESTELLA (Navarre)
Dépôt légal : 1744 – mai 1997
ISBN : 2.85108.970.6
34/1132/9